の文色と理方がわからぬ。　山寺の鐘

こうと鳴るといえども、　童児来って鐘に撞木をあてざれば、鐘が

撞木がなるやら、とんとその音いろがわからぬが道理。　だがお

てまえ持ちいだしたるなつめのなかには、　一寸八分の唐子ぜん

形。　人形の細工人はあまたありといえども、京都にては守随、大阪

においては竹田縫之助、近江の大たん藤原の朝臣。　てまえ持ちいだ

は、　近江のつもり細工。　咽喉には八枚の歯車をしかけ、背なかには

こはぜをしかけ、大道へ すえおくときは、天の光りと地

をうけ、陰陽合体して、 ふたをぱっととる。　つかつかす

虎の小ばしり、虎ばしり、 の小間どり、小間がえし、孔雀

舞い、人形の芸当は十二通 だが、しかし、お立ちあい、

ほうり銭はおことわりだ。 大道に未熟な渡世をいたすと

投げ銭やほうり銭はもらわ では、なにを稼業にいたすか

てまえ持ちいだしたるは、これにある蟇蟬噪四六のがまの油だ。

りがまは、おれのうちの縁の下や流しの下にもいる

それは俗にいう

じゅげむ

図書室で輝いた子どもたち

村田一枝

まえがき

小学校のクラス担任としての長い仕事のあと、図書室司書の仕事をするようになって、思いがけず一年生と楽しみを共有することが出来ました。図書室を中心にして「小噺・落語ブーム」とも言える大きな渦が生まれてきたのです。五年生の一人が、「子ども落語の会」で「じゅげむ」を演じたことをきっかけにして、たくさんの子どもたちが落語会で演ずる作品を探しに図書室にやって来るようになり、休み時間には図書室のあちこちで落語の練習を楽しむようになってきました。

図書室での仕事には、おおまかに二つの分野があります。一つは、学校全体の委員会活動の一環である「図書委員会活動の指導・援助」です。もう一つは、主に私が中心になって図書室で行う「一・二年生の読書の授業」と、「教科や総合学習などを調べに来る子どもたちへの手助け」などです。

第一章では、図書委員会の活動の一つである「子ども落語の会」の、二〇〇一年度から翌年度にかけての発展の様子を、落語に夢中になっていった子どもの成長を軸にたどってみました。最後に学級担任としての落語を文化活動の中心に据えて、クラスづくりを進めた実践報告を載せました。

第二章では、日常の仕事の中から、本が大好きな子どもたちの姿に触れてゆきます。図書委員会の活動が子どもたちを図書室に引き寄せて図書室が活性化してきた様子、一・二年生の授業での読み聞かせ、その時の一冊がきっかけで学年を越えたつながりが育っていった様子、などについて触れました。

第三章では、図書室の仕事の上で、直接・間接に影響を受けた本や人についてまとめてあります。子どもの心と本とのかかわり、紙芝居の面白さと楽しさ、昔話の魅力などについて、図書室の仕事を考える上で教えられた著作は少なくありません。

目次

第2章　小学校の図書室　89

第1章

落語に夢中になった子どもたち

一、一年生も「じゅげむ」が出来る

担任として取り組んでいた時も、図書室の仕事の中でも、「落語は、一・二年生には無理だ」と頭から決め込んでいました。それを一八〇度変えるきっかけを与えてくれたのが、二〇〇一年度入学の一年生でした。

六月、たまたま欠勤の先生に代わって一年の授業に出かけ、詩「けんかならこい」「あきかんうた」などを楽しみましたが、時間に余裕があったので落語「じゅげむ」から、長い名前の部分だけを紹介しました。これは、図書委員会主催の「子ども落語の会」で五年生が演じた作品だったので、会で使った大きな衝立に貼った「長い名前」を教室に運び、みんなでその名を唱えてみました。翌週、このクラスにまた出向くことがあって、詩「おならうた」などをやったら、「じゅげむ」をまたやりたい、と言います。「長すぎたから大変だったでしょう。四年生とはやったことあるけれど一年

生とはやったことないんだよ」と言ったら、「やりたい、やりたい、やれるよ」という声があがり、再びやることになりました。急いでその名を黒板に書き始めたら、驚いたことに、私の板書に先駆けるように、何人もの子が「じゅげむ、じゅげむ……」と唱え出したのです。「子ども落語の会」に来ていた子どもたちがリードしていました。

三学期、同じクラスの読書の時間、ハプニングがあって図書室に全員揃うのが遅れてしまいました。その日は絵本三冊を読む予定でしたが、時間が足りなくなったので「どれにしようかな」と言ったら、「落語をやりたい。大夢君のじゅげむも聞きたい」と言います。「じゅげむ」は、このクラスの大夢君が二学期の落語の会でも演じて、十八番にしているもの。クラスみんなで聞くのもいいなと考え、子どもたちの希望に従いました。「やった！　やったあ！」と言う声。やりたい子の小噺が終わり、いよいよ大夢君の「じゅげむ」が始まります。

「せっかくおしょうさんにつけてもらった名前だ。少し長いかもしれないが、みなつけてしまえ」。ここで、私はちょっと口をはさんだ。「名前のところを、大夢と一緒に言ってみようよ」と。長い名前は何度も出てきます。子どもたちは、待ってましたとばかりに声を揃えて名を唱えます。子どもたちの肩は、「じゅげむ」のリズムに乗って揃って上に行ったり下へ行ったり、声が部屋中に響きわたります。長い名前のところが終わると、みんなの声はすっと引き、また話に耳を傾けて楽しんでいる。大夢君の「じゅげむ」がいつの間にか、一年生のこのクラスの「じゅげむ」になっていました。

子どもたちが図書室から去って、私はしばらくボーッとその場に立ちすくんでいました。学校で仕事をしていて、子どもたちが一生懸命走ったり、泳いだり、集中して絵を描くなど、様々に輝く姿に出会ってきましたが、何かが足りないとずーっと感じてきました。その何かが、目の前で今起きた出来事だと思ったのでした。一年生を大きく大きく感じた一瞬でした。

子どもたちは、時に思いもよらない力を発揮します。何か琴線に触れるものがあれば、たとえ長い噺でも、内から突き上げるようなエネルギーでそれを理解し、記憶し、みんなで唱和し、楽しむことが出来るということが、はっきり分かりました。同時に、落語という教材は、何かとてつもない大きな力を内包しているように思えました。

様々な素材を教材として選別する時、案外に「大人の分別・価値判断・先入観」が大きく作用し、時に「子どもの欲しているもの・子どもの心をときめかすもの」を見落とすことはないだろうか。「落語、これは低学年には無理、理解できない」などなど。子どもたちに接する時の物差しは、大人の目盛りと子どもたちの目盛りの両方がついている物差しでありたいと思いました。

私が本を読み聞かせていた初めの頃、子どもたちの反応は、今一つピリッとせず、曖昧で鈍いものでしたが、自分中心の進め方から子ども中心の進め方に転換することを教えてくれたのは子どもたちでした。図書室は、子どもたちからこんな素敵な贈り物を届けられた職場となりました。

二、二〇〇一年度からの「子ども落語の会」の動き

「子ども落語の会」は九七年度から始めたものですが、三年生以上が出演して、年一回開催するものでした。当時、五年生の「文化の時間」に落語を取り入れていたので、子どもたちにはなじみ深いものになっていました。とは言え、一・二年生にはまだ縁のないもので、「子ども落語の会」に出演することはありませんでした。

図書室の活発化のためには、この会の運営を図書委員会の子どもたちに任せた方がよいと考え、翌九八年度からそのように進めていきました。それ以後、会の計画・宣伝や、当日のプログラムや司会も、すべて子どもたちが行うようにしました。会は学期に一回・年三回、休み時間に開きます。

この委員会と「子ども落語の会」に、二〇〇一年の新学期から大きな変化が起きます。以下で、それを日記ふうに記してゆきます。

二〇〇一年六月の月曜日、図書委員の子どもたち十二人を引率して表参道の書店へ本の購入に出かけた。帰り道、五年生の倖介君に「落語をやってみない？」と誘ってみた。本屋さんには落語の本も置いてあり、軽い誘いだったのだが、「家のお父さん、落語好きだよ。やってみようかなあ」と言うことだった。それから懸命に練習したのでしょう。翌七月中旬の「子ども落語の会」（昼休み）に、倖介君は初めて出演して「じゅげむ」を演じた。四年の由理恵さん・佳蓮さんの二人落語「松竹梅」もあって、この会は盛り上がり無事終わった。

夏休みが明けた九月、倖介君が「次は、がまの油をやってみたい」と言い、同じクラスの寅洋君を誘い、一年の大夢君も加えて盛んな練習が続く。

十月中旬、お母さんたちの学習会「子どもの本を読む会」で、渡辺和子さんとその友人の三浦克子さんの語りを聞く会が図書室で行われ、倖介君が「がまの油」、寅洋君が「てんしき」を披露した。これに応えて渡辺さんが「それでは今度はじゅげむを落語りでお返しするよ」と「じゅげむ」をお返し。それに応えて倖介君がじゅげむを落語で返した。七十歳台のお二人が、十歳・十一歳の二人に合わせて下さり、年齢の違いを越えた絶妙の楽しさがあった。

渡辺和子さんは、二〇年以上も前から、自宅の書庫を「つくい坂文庫」として公開する一方で、八王子市中央図書館「お話の部屋」では、民話・昔話をボランティアで語り聞かせておられる。著書に、民話集「ばばちゃにもらった宝物」（二〇〇〇年五月刊）などがある。

十月下旬の「子ども落語の会」は五〇分間の休み時間に開いた。由理恵さん（四年）「まんじゅうこわい」、大夢君（一年）「おたんじょうび」、寅洋君（五年）「てんしき」、倖介君（五年）「がまの油」と、なかなかのプログラム。この場で、倖介君は「和光亭笑介」と名乗ったので、この後、子どもたちから「師匠」と呼ばれるようになった。

十一月末の「全校朝の会」は図書委員会の当番。図書委員が手分けして、貸し出し状況や購入本を紹介した後、倖介君は「笑介」の名乗りの紹介をし、一番弟子の大夢君とそれぞれ「小噺」を演じる。その折「今のところぼくの弟子は大夢一人。落語をやりたい人を募集します」と呼びかけた。

年が明けて一月下旬の「図書室文化の日」の「子ども落語の会」は、二五分休みに一年生の昼休みに二年生から五年生の出演で開く。放課後には、お母さんたちの「読み聞かせの会」が開かれ、楽しい一日となった。この会から、笑介師匠に一年生の弟子が急に増え始めてゆく。

二月初旬、和光亭笑介、落語講座を開く。開く目的と中身を打ち合わせ、プリントを用意する。参加者は八人ほど。

二月下旬の全校公開授業。弟子がたくさんいる一年生のクラスの担任の授業「小噺と詩の暗唱」の公開。詩を暗唱する子も少数いたが、小噺がほとんどだった。私も教室の後ろで楽しませてもらった。一年生が小噺や落語に取り組んだのは初めてだが、一年生にも楽しめる文化だなあ、と改めて実感する。

三月四・五日、今年度最後の「子ども落語の会」を開く。四日は「小噺グループ」によるもの。どろぼうこばなし・おたんじょうび・これっきり・ゆうれいこばなし・いぬ・うなぎや・なぞなぞあそび・ちょうずまわし・きつねつき・なべや・ばかむすこ・わらいごとではないわい・ひらばやし・とんびとからす・ごんべいだぬき、などで、一年生が中心。五日は「落語グループ」で、ローソク・おおかみのしっぽい・しぶ酒・やかんどろ・めがねどろ、などで三～四年生が中心。この頃、すでに図書室は落語ブーム一色に染まっており、作品決めの相談やら、決まった演目のコピー、子どもの練習の立ち会いなど、図書室はにわかに忙しくなっていたが、「子どもどうしが学年を越えて教え合う」という新しい動きも、もう当たり前のことになっていた。

翌二〇〇二年度。初めての「子ども落語の会」を七月初旬に開いたが、出演の希望者が多くて一回では収まらず、次の週に続けて開くことになった。第一回は四人の一年生も登場した小噺会で、司会を務めた倖介君が、「じゅげむ」を巧みに演じて、会を盛り上げた。翌週の第二回では、小噺を二年生七人が、落語は二年生の大夢君の「手水まわし」、五年生の「かまどろ」・「まんじゅうこわい」・「金の大黒」、それに六年生の笑介の「ひらばやし」だった。

こんなブームの中、十月末に「春風亭柳好さんを聞く会」を開いた。四時間目は一・二年合同で、昼休みには全校児童の中の希望者を対象にしたが、柳好さんは、それぞれ二年生の「手水まわし」、五年女子の「どうぐや」を前座にすえて、演じて下さった。さすがにプロの真打ちであり、その手振り・身振りを子どもたちは食い入るように見つめていた。本物の芸を実際に見ることの意義は、とてつもなく大きい。

十二月中旬に「第四回子ども落語の会」。一年生女子の落語「星とり・山号寺号・きょうりょくねずみ・ももたろう」と、三年生の「皿やしき」、五年生女子の「どうぐや」が演じられた。

この年度最後の「第五回子ども落語の会」は、特に出演希望者が多く、三月三～五日の三日間（二五分休みと昼休み）にわたって開かれた。初日は「一年生劇場」に八人、「二年生劇場」に五人。二日目は「三年生劇場」と「五年生劇場」とで計八人。最終日は「和光亭笑介卒業公演」と銘打って、大夢君（二年）の「胴切り」を前座に、倖介君（六年）の「がまの油」。この年度最後の「子ども落語会」はこうして幕を閉じた。

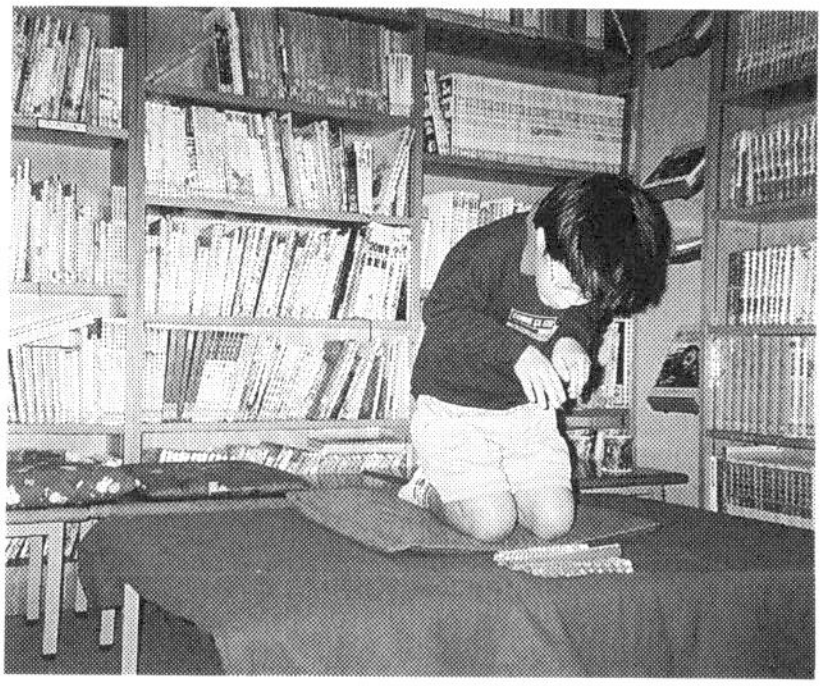

三、倖介君の成長

二〇〇一年度の新学期。五年生になった倖介君は、クラスの図書委員になったので図書室によく来るようになります。お父さんの落語好きも影響したのか、落語にしだいに関心を深めてゆきました。「先生、落語の本のコーナーを作ろうよ」と言い出したので、「そうしよう」と言うと、もうその日のうちにきちんと整理された落語コーナーが誕生し、本が見つけやすく、利用しやすくなるといった具合です。こんな働きを通して、落語関係の本を熱心に読むようになり、その面白さに強く惹かれていきました。七月の「子ども落語の会」に初めて出演して「じゅげむ」を、十月の会で初めて「和光亭笑介」と名乗って「がまの油」を演じることになりました。誰からも「本格派」として認められ、この後は子どもたちから「師匠」と呼ばれて、弟子もしだいに増えていくことになります。

学年を越えたこんな交流が深まり出した一月の昼休み。たくさんの弟子がいる一年生のクラスの子どもたちが、玄関前で喧嘩を始めました。私がそこへ行った時は、倖介君がみんなを円く座らせ一人ひとりにわけを聞いてやっており、私が口出しする必要はもうありませんでした。一年生の担任も駆けつけたが、すでに喧嘩は収まっており、何事もなかったようにみんなで遊び始めていました。十一月には二年生のトラブルも収め、ことのしだいを二年生の担任に報告に出かけるなど、図書委員としてもその他の生活面でも、リーダーシップや積極性が目立ち始めてゆきます。

十一月末の全校朝の会で落語の弟子を募り、翌二〇〇二年二月初旬には「和光亭笑介・落語講座」を開きました。

翌二〇〇二年度は六年生。年度最初の「子ども落語の会」（七月初旬）は、出演者が多く（十五人）、二日間に分けたほど、充実した会になったが、それだけに多くの準備も必要でした。倖介君は巧みに進行役を務め、二日間それぞれのトリに「じゅげむ」・「ひらばやし」を演じて、盛り上がった会をキリリと締めたのはさすがでした。

この年度最後の第五回（三月）も出演希望が多く（二三人）、三日間にわたりましたが、最終日は「和光亭笑介・卒業公演」と銘打って、弟子（二年）の「胴切り」を前座に、「がまの油」を見事に演じました。

卒業式の三月十八日。式の後、図書室で、去ってゆく師匠にお祝いとお礼の落語「がまの油」を弟子の一人（三年）が演じました。演ずるのも一人、観客も一人。そっと後ろで師匠の両親が見守っている。弟子は「がまの油」を師匠の前で演ずるのを目標に練習してきたのです。聞き終えると「ぼくも一席やるよ」と今度は師匠も同じ話でお返し。師匠の、小学校で最後の落語となりました。このように下級生の良き目標になれる子どもは稀有な存在である。

それまでの倖介君は、自分の言い分は主張出来るが、わがままで短気な面も目立つ、元気ないたずらっ子で、国語の朗読は得意で集中力があるとは言え、友人間でリーダーシップを発揮する場面はほとんど見られなかった。しかし、図書委員になった五年生から卒業するまでの二年間に、委員会の活動や落語会の仕事を通して、下級生に対する指導は熱心でしだいに巧みになり、寛容に温かく接してねんごろにものを教え続けました。この二年間の図書委員会活動、特に「子ども落語の会」の活動は、このリーダーなしに振り返ることは出来ません。

教師や友達・下級生にしだいに認められてゆきましたが、他人に認められる一方で自分の立場や責任をしっかりと知る、つまり《自己確認》の土台を立派に形成したと言えます。全校行事である劇の会では見事な演技を示したが、落語という小宇宙も知り、それは恐らく生涯楽しめる趣味となることでしょう。後継者もしっかりと育て、実に見事に大きく成長して卒業してゆきました。

古松八重樹・絵

四、大夢君の成長とクラスへの広がり

一年生の大夢君。二〇〇一年六月末の昼休み、『科学のアルバム―鉱石』を返しに来て、どこかで採って来た石を大事そうに見せてくれました。図書室で仕事をしていると、こういう瞬間は嬉しいものです。この日のこのクラスの「読書の時間」は『うみべのハリー』など新刊を読み聞かせたあと、「じゅげむ」の長い名前を覚えるのを楽しみました。

図書委員会主催の「子ども落語の会」は七月十七日。この日の演目は、四年生の佳蓮さんと由理恵さんの二人落語「松竹梅」と、五年生の倖介君の「じゅげむ」。いずれも、練習をつんだ自信たっぷりの演技に、大入り満員の観客の反応も上々。この「じゅげむ」は大夢君の心を、しっかりゆさぶったらしい。月刊『かがくのとも』を読んで作文コンクールに応募したり、『科学のアルバム』を愛読したりで、「読み・書き」は大好きだったようだが、先輩の落語を聞いて「じゅげむ」の長い名前をいちはやく覚えて、「話す」のも大好きになっていったようです。

二学期の十一月末の「全校朝の会」で図書委員会の発表がありました。自分達が選んで購入した本の紹介や各クラスの利用状況などに加えて、この日は倖介君と大夢君が落語を披露して、「こんなふうに落語をやっていく弟子を募集します」というものだった。この募集をきっかけに、一年生の入門希望者がしだいに増えてゆき、休み時間になると、倖介君は門下生との練習に余念がない。倖介君の都合が悪い時は、私が代わりを務め、小噺選びから練習まで大忙しです。

入院しているおじいちゃんの前で小噺「お誕生日」をやったという大夢君。その後「じゅげむ」「んまわし」「手水まわし」「胴切り」に挑戦、翌二年生の秋に、家の方と劇場に出かけ、桂雀々さんの舞台に感動したとのことで「地獄の八景、猛者のたわ者」を次の目標に掲げている。低学年でも、高い目標を掲げて過ごすことが出来るものだということに感心させられました。

二年生の三学期の「子ども落語の会」で、いよいよ「胴切り」をやることになった時、意味の分からない言葉があって不安気でした。「……胴の方は切られたはずみに、道の横の用水桶の上にちょこん」というところの「用水桶」という言葉だった。当日来ておられたお母さんに出番直前に聞いて、無事クリア。その後、大阪の祖父母のところに行った折、近くの児童館で昔の生活の展示があり、そこで用水桶が町並みの中に再現されてたのではっきりと理解出来たということです。自分が立ち止まった言葉が、このように確かな知識として入っていったということを知り、落語は楽しみながらも学ぶものがたくさんあると、改めて感じたことでした。

その後、「「じゅげむ」は、いちばん面白かったのが大夢のだった。ボクもやりたい。ワタシもやりたい」という具合で、その大夢くんから仁君など四人に広がり、さらにクラスの仲間に広がっていった。友達の影響は実に大きい。このうねりの中で大夢君は、いつの間にか倖介君の一番弟子のようになっていきまた。

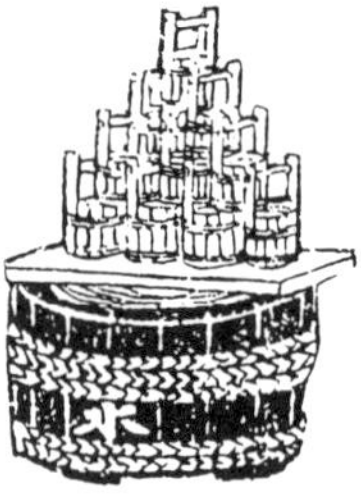

五、いきおいが大事、落語に夢中になってゆく

たくさんの子が落語に夢中になってゆく、その様子は様々です。

一年生の女の子は、「子ども落語の会」の様子を、小さな絵本にして持って来ました。最初のページには、座布団がちょこんと敷かれた演台。さらに、プログラムとめくりの絵のページ。最後の頁には「まずあいさつをする、はっきりとおはなしする」などの注意点がまとめられています。落語に強く惹かれ、「私もやってみたい」という気持ちが良く表れていました。

春菜さん（一年生）の場合　ある日、卒業生のお母さんが、来校なさった。その方と話をしているところから、春菜さんが離れません。話し終わると、小噺のコピーをして欲しいとおねだりです。この頃の春菜さんは「寝ても起きても落語なの」と本人

が言うぐらいはまっていました。「きつね」「たこあげ」はすでに覚え、次の作品に挑戦です。そこにちょうど居合わせたお母さんにお願いして、一席聞いていただきました。ここに紹介するのは、その時の春菜さんが出した手紙と、聞いて下さったお母さんからのお返事です。お返事が来たと聞いて、春菜さんの顔がパッと輝いたことはいうまでもありません。

らくごをきいてくれたおばさんへ。らくごをきいてくれてありがとう。きつねというらくごは一日でおぼえました。けど、たこあげのほうは十日でおぼえました。らくごのれんしゅうは、ししょうとやりました。たのしかった。

はるな

はるなちゃんへ。てがみありがとう。らくごのれんしゅう、やっていますか。らくごってすごくむずかしいのに、とてもじょうずなのでびっくりしました。ひとりでなんにんものひとのやくができるなんて、すごいとおもいます。これからも、たくさんおぼえてみんなをわらわせてください。はるなちゃんがわたしの子どもだったら、まいにちうちでらくごがきけて、たのしいだろうなあ。はるなちゃん

のおかあさんがうらやましいです。では、またあいましょう。　二〇〇二年二月二五日　いがらしめぐみ

大樹君（一年生）の場合　落語をやりたいとは言わず、そばへ来ては話しかける。私が図書室を出て事務室に向かうと付いてくる。そしてやっと「ぼく、みんながやっているのを見て〈おたんじょうび〉おぼえたよ」と言う。「〈おたんじょうび〉、聞きたいなあ」と言ったら事務室前の廊下でスラスラ演じてくれました。図書室にもどり、座布団に座って、再度演じてもらう。近くにいた子どもたちも一緒に聞いています。

その後、「わすれ草」「雪」など、自分の気に入ったものを選んで覚えてしまいました。ある日、小噺の中の「かんぞう」という言葉が分からないと言ってやって来ました。一緒に本で調べてみると、「甘草」のこと。その後もやる気は増すばかり。二年生の三学期の「全校朝の会」で発表。しだいに自分の思ったことをはっきり言えるようになってきたのです。

寅洋君（五年生）の場合　同じクラスの倖介君に誘われて、落語の練習を一緒にす

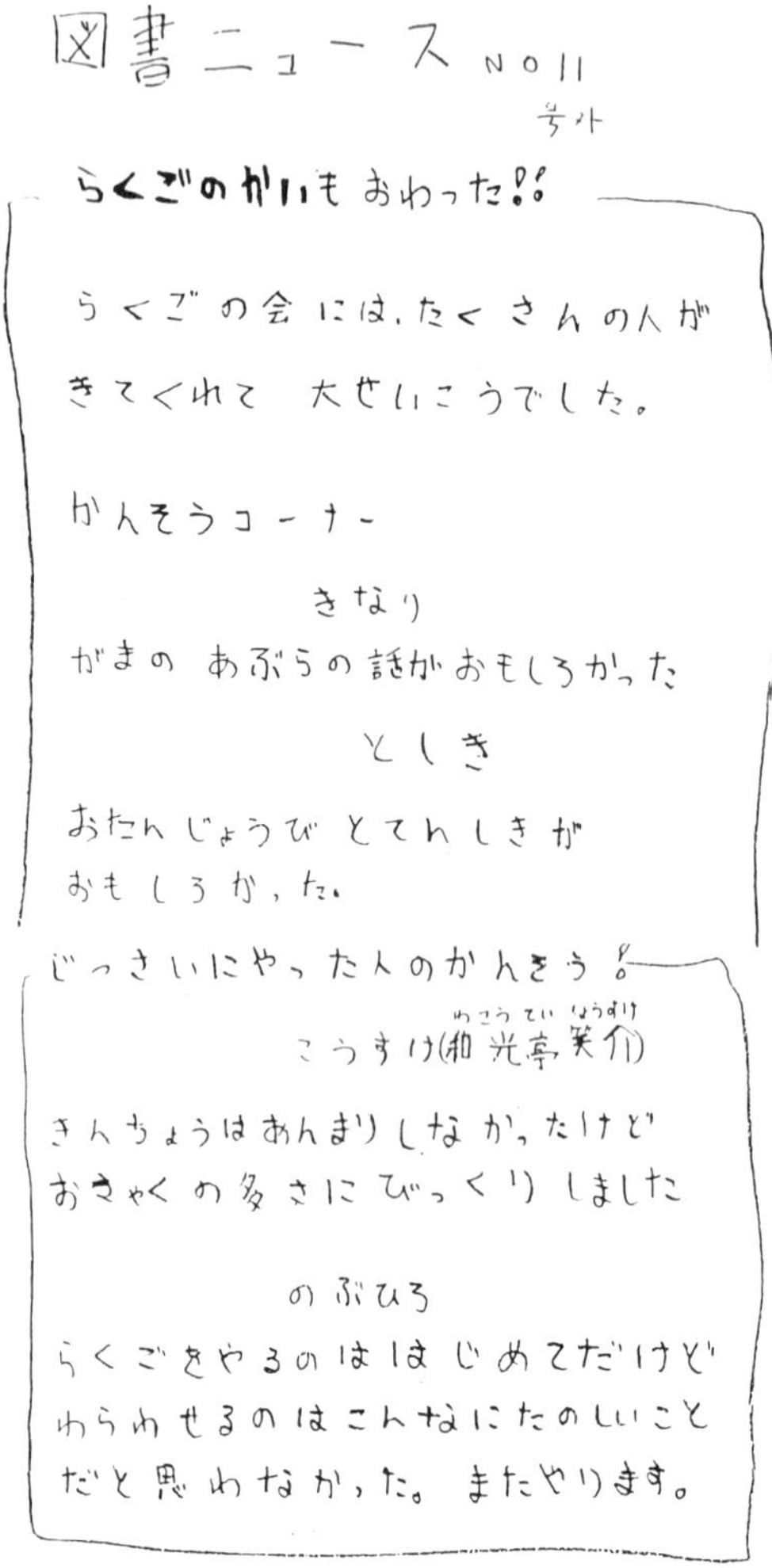

図書ニュース NO11 号外

らくごのかいもおわった!!

らくごの会には、たくさんの人がきてくれて　大せいこうでした。

かんそうコーナー

きなり

がまの　あぶらの話がおもしろかった

としき

おたんじょうび　とてんしきが
おもしろかった。

じっさいにやった人のかんそう!

こうすけ(和光亭《わこうてい》笑介《しょうすけ》)

きんちょうはあんまりしなかったけど
おきゃくの多さにびっくりしました

のぶひろ

らくごをやるのははじめてだけど
わらわせるのはこんなにたのしいこと
だと思わなかった。またやります。

るようになりました。扇の使い方も鮮やかに、当日は「てんしき」を披露しました。その感想を「落語をやるのは初めてだけど、笑わせるのがこんなに楽しいことだと思わなかった。またやります」と「図書室だより」に書きましたが、自分で演じてみて、初めて分かった醍醐味だったのでしょう。

由理恵さんと佳蓮さん（四年生）の場合　このペアは、前にもやった「二人落語」に二度目の挑戦。一緒に練習してきましたが、当日、一人が風邪で欠席。由理恵さんの感想「当日に二人でやるはずだったけど、相手が休みだったので一人でやった。でもすっきりと言えた。第三回目もやってほしい」。欠席した佳蓮さんは「かぜをひいちゃって本番に出られなかったのが悔しい。でも由理恵が一人でがんばってくれたからよかった。また二人で〈まんじゅうこわい〉をやってくれるって先生が言ってくれたから、その時はぜったいやる、やりたい」

お母さんの感想から　「なぜ息子が落語にはまったたか、なぜ去年の一年一組のみんなに落語の輪が広がったたか、今日のお話でますますよく分かりました。私の子どもの時もそうですが、図書室は本を借りるところというイメージでした。図書室が発信場所の役割をしていることを子どもを通して何となく感じてはいたのですが、今日のお話で、図書室は隙間どころか学校の真ん中に君臨しているのだと思いました。子どもは、次回の落語の会にむけてやる気満々です」。

死神

死神

死神

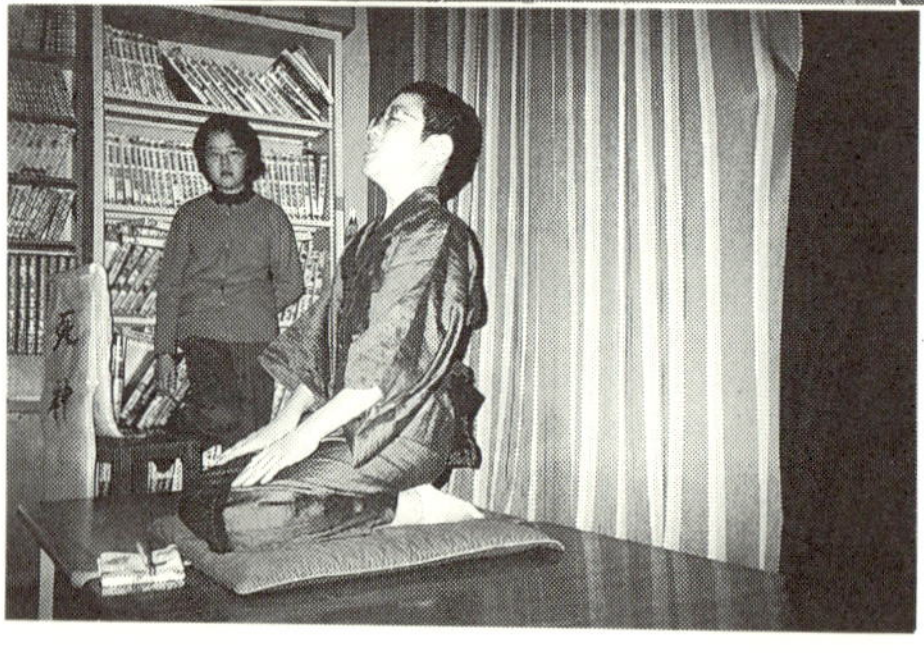
死神

六、縦割りの関係の中で育ち合う子どもたち

① 和光亭笑介の落語講座

二〇〇二年二月八日、倖介君を講師として、初めての落語講座を開く。「プログラムを書いて、用意しようよ」と言うと、「ぼく、書くよりパソコンで作りたい」と言うのでそうすることにしました。自宅からノートパソコンを持ち込んで作りたいというのでした。「私には分からないところが多いから、パソコンの担当の先生に聞いてごらん」と言うと、早速職員室へ出かけたのだが、その先生は授業中。そこにおられた校長先生に操作を教えてもらって「やり方、分かった」と喜んで帰って来てプリントを自分で作り上げました。

プリントには大きく二つのことが書かれてありました。一つ目は落語の三条件、二

つ目は当日のプログラムでした。三つ目はお楽しみに！　となっており笑介師匠が最後に落語「がまの油」を演じました。聞きに来ていた子どもたちはほとんどが落語を演じたことのある弟子たちでしたが、その感想のいくつかを上げてみます。

「ししょうのこうざで、らくごのこととか、ししょうが、どうしてらくごをはじめたか、わかったよ。はなしてくれてありがとう」
（一年・ひろむ）

「がまのあぶら、すごくおもしろかったです。もう一かいやってほしいです」
（一年・ふうか・まゆこ）

「がまのあぶら、おもしろかった。またやってほしいです。らくご、がんばるよ！」
（一年・アンナリヴィア）

「しょうすけみたいに、もっともっとうまくなってみんなにきかせたい」
（一年・じん）

「がまのあぶらがおもしろかった。よっぱらっているのがおもしろかった」
（一年・きか）

「すごくおもしろかったです。大わらいしました。がまの油のよっぱらったところがとってもうまかった。またがまの油をやってほしいです」

（三年　さき・かな）

「がまのあぶらをやるなんておもわなかったよ。それととうざいなんがまたできるとはおもわなかったよ」

（二年・ニコラス）

「すごーくたのしかった!!　演じ方のとき、ひみかちゃんとかれんちゃんのどうぐやがおもしろかった。さきも、ししょうみたいになりたい」

（一年・さき）

「わたしもらくごをふたりでやるからきいていてよかった。たのしかった。わたしもししょうみたいになりたいです」

（一年・みゆ）

②　笑介師匠のハッとさせる言葉

一月二二日は「図書室文化の日」でした。休み時間は「子ども落語の会」、放課後は「子どもの本を読む会」のお母さんたちの読み聞かせを行いました。「子ども落語の会」は二〇〇二年の幕あけの「新春子ども寄席」としていつものように図書委員会が準備しました。当日は、二五分休みと昼休みに合わせて十五人の出演ですから委員はてきぱきと進めるのに必死です。

この日のために倖介師匠は「死神」を一生懸命に覚えました。おめでたい新春寄席の場で「死神」という作品を出すことを気にしていたのか、「ぼく、まくらを考えて付け足してから始める」と言って新春にふさわしい枕を振って、熱演しました。

かつて倖介君の「じゅげむ」に感動した一年生の大夢君は「じゅげむ」を演じたのですが、途中で「……ポンポコナーのポンポコピー……」のところが思い出せず、寝たふりやアドリブでセリフを加えたりして時間をかせぎ、無事クリアすることが出来ました。その時、師匠である倖介君はカーテンの後ろでじっと見守っていたのですが、大夢君の話が終わると、「おれ、大夢に負けた」とつぶやきました。これを聞いて、私はハッと驚きました。

これまで「師匠」という教える立場だった倖介君でしたが、この言葉は、《教える―教えられる、上級生―下級生》という関係を越えて、《優れたものをありのままに受け入れる》客観性や寛容さを示しています。五年生が一年生の話しぶりに対して「負けた」なんてなかなか言えるものではありません。この瞬間、倖介君がとても大きく成長したように私には見えました。

図書館だよりより

教育はプロセス　子ども落語の会を終えて学んだ事

去年の今頃は２日間、そして今年は３日間子ども落語の日が続きました。それだけ落語人口？が増えたと言うことでしょうか。この取り組みの中であったドラマをお知らせしたくなりました。

それは、子どもらくごの１日目３月３日の昼休みのことでした。２年生の子がふたりらくごをやっていました。練習不足なのは、分かっていたのですがふたりのやる気を大事にしようということではじまりました。途中からは台本だよりの形になってしまいました。このようなことの中で私は次の３点について感じたことがありました。

① 司会をしていた図書委員でもあり師匠でもある白石君の終わりの言葉
「さいごまで聞いてくれてありがとう。ぼくも練習につけなかったけど、練習不足だったね。でも紙をみながらでも本番に出ようという気持ち大切だよ」と付け加えた事。

② めげずにさいごまでやりきった演じ手の二人

② 気持ちの切り替えのはやい二人。今度はまた相手を変えてそれぞれ新しい落語にその日から取り組み始めたこと。

タイミングのいい和光亭笑介のフォロー。それに応えてか前向きの二年生。いきおいのある旬の子どもたちの姿がそこにありました。今回は覚えきらなかったところもあったけれどこの二人はこれまでにもっと長い演題に挑戦していて、手応えを充分身体で受けとめていたのです。この自信が前向きを引き出していたのでしょう。放課後またまた練習開始の子どもたちを見て子どもはすごいと思ったことでした。もちろん本番が大事ですがそれまでの過程も学校という子どもたちが育つ場では同じぐらいの比重でいやもしかするともっと大切なのかもしれません。

終わって弟子たちから師匠へ感謝の言葉を用意していたのですが25分休みはアッという間に過ぎ去り残念でした「ここは、わたしがよんでここからが…が読む」と決めて準備していた子どもたちがいたことをお伝えしましょう。ここにのせたのは、そのフォローしてくれた子の書いたものです。せめてそのてがみでもということでのせました。また私村田の知らないところで、てがみが数枚増えていたことも付け加えましょう。子ども同志でこのように励まし合いながら育っていくその過程が大事だなあとつくづく思いました。

それから、さらに一年が経った二〇〇三年三月の「子ども落語の会」。練習不足で、台本を見ながら演じた二年生の弟子もいました。こういう場面に追い込まれると、次回の舞台に立つのをためらったり逃げたりするものですが、司会をしていた師匠は、「終わりのことば」の中で、観客の子どもたちに、「最後まで聞いてくれてありがとう。ぼくも練習につけなかったけど、今の話は練習不足だったね。でも紙を見ながらでも、本番に出ようという気持ち大切だよ」とまとめました（『としょしつのてがみ』三月七日号参照）。欠点や失敗を率直に指摘する一方で、長所を認めて励ますことを忘れていない。演じた二年生の意欲を認めて励ます優しさを示しており、感心させられました。日頃から、六年生が二年生をフォローしてきましたが、学年縦割りの中で培われてきた強い信頼関係と、六年生としての成長ぶりがこの言葉によく表れています。

③　恵輔君の成長

二〇〇二年の二学期、恵輔君の成長はめざましく、あっという間に落語のとりこになり、あっという間に覚え、自信を付けていきました。寄席に連れて行ってもらった折に買ってもらった扇子を嬉しそうに見せてくれました。「皿やしき」は、二〇〇二年度の図書委員会の発表で全校児童の前でも演じて、自信がついてきています。「いちまい、にまい」というくだりが独特の表現で、味が出てきたようです。転校して来た友達が練習していると、そばに行って聞いてやり「早すぎたな。もっとはっきり、ゆっくりやれよ」と励ますこともしばしばです。幼い頃から親の読み聞かせに接してきて、読書量も豊かで、次の作品「一眼国」に張り切って取り組んでいます。

〈作文〉
「ぼくがらくごをはじめるようになったきっかけ」

さいしょ、こうすけししょうの「がまの油」の練習を見ている時に村田先生に「らく語やってみない?」と言われました。それでやりはじめたのが「皿やしき」。さいしょ選んでいるとき「ろくろっくび」にしようとしたけれど長くて自しんがなかったので、「皿やしき」にした。

そのつぎにおぼえたのがよせでおぼえた「ねずみとり」。いく前は、道ばたでおきゃくさんがあるていどあつまったらやって、おわったらお金をもらってつぎのをはじめるっていうかんじかな？　と思っていたけど、じっさいに行ってみたら家みたいなたて物があって入場りょうをはらって中に入るということだったから、よそうしていたのとは大ちがいだった。とちゅうでらく語ではなくて切り絵を見せてくれて、一枚切り絵をもらった。
つぎにおぼえたのが「死神」。おぼえているとき長すぎておぼえにくかった。だいたいおぼえられたとき「へんなゆうれい」をおぼえた。これは短かかったから、村田先生にコピーをとってもらわなくてもおぼえられた。ししょうのそつぎょう前にぜったい「がまの油」をおぼえたい。

次の手紙は卒業のお祝いに、師匠の前で師匠十八番の「がまの油」を演じた後で渡したものです。

「今まで師匠の弟子になって」
ぼくは師匠の弟子になってよかったと思うし、師匠の落語を見ていてよかったと思う。なぜかと言うと、弟子になって皿やしきの練習を見てもらった時、「ここをこうした方がいい」とアドバイスしてもらったし、落語を見てどういうかんじにおうぎと手ぬぐいをどのように使うのかが学べたからよかった。師匠がそんなにボクの落語の練習を見に来ることはなかったけど、皿やしきを練習している時にアドバイスしてもらっていたから、なんとか出来た。今まで師匠がやった落語の中で一番楽しかったのが「ガマの油」。どこが一番楽しかったかというとガマの油うりがよっぱらった時の口上が楽しかった。弟子にしてくれてありがとうございます。

七、プロの落語家との交流

① 学校でお話を聞く

二〇〇二年十月二八日、春風亭柳好さんに学校に来ていただいた。以前に来校いただいた時は二ツ目・柳八さんでしたが、平成十二年に真打ちに昇進、五代目春風亭柳好を襲名された方。お忙しい時間をさいてお出で下さった。図書室では、他の人のことも考えて、音を消した落語の映像を流しておくことも多かったのですが、柳好さんの映像は音がなくても迫力があり、ビデオのそばで誰かが必ず見ているのがいつものことでした。

この日の午前は、落語層の厚い二年生二クラスに会議室で、昼休みには全校にちらばっている落語ファンを前に熱演して下さった。「おち」のことなどを分かりやすく、噺の中で教えて下さいましたので、子どもたちは大喜び。視線の配り方、はっきりした声、顔の動き、道具の使い方、間のとり方なども、ちびっこ噺家たちには学ぶことが実に多かったお話でした。

この日、前座で演じた子どもたちの声は低くて、聞こえずらいところも少なくなかったのですが、さすがにプロの声はしっかりと伝わってきます。その違いに気づいた子どもたちは「すごい、すごい」の連発で、次のような感想を柳好さん宛に書きました。

とてもかんどうして、りゅうこうさんをみとれてしまいました。またきていただいたら、もっとうまくなるように、れんしゅうしてみせますね。こんど、よせにいってみたいです。おそばのまねをみてたら、たべたくなった。うまかったです。
（みゆ）

またきてくださると、とてもうれしいです。こんど、できれば、ごんべえだぬきをやってみてください。りゅうこうさんのやっているよせを、みにいってみたいです。
（さき）

はじめ、りゅうこうさんのらくごをきいて、すごいなあっておもったよ。だってあんなにれんしゅうしても、ぜんぜんりゅうこうさんみたいにじょうずにできないもん。またこんど、ききたいなあ。まゆことれんしゅうしてきたらくごは、ふたつあるよ。山ごうじごうと、うそつきむらだよ。（ゆき）

とびいりらくごをしたかったよ。でもその時間がなかったよ。りゅうこうさんがやった、おそばをたべるまねがうまいとおもったよ。風花も、れんしゅうしてみるよ。（風花）

すごいなとおもって、はくしゅしたよ。かおでもやれるんだってわかったよ。（かいしゅう）

② 商店街の銭湯寄席で、柳好師匠の前座を務めさせてもらう

二〇〇三年四月、学校近くの商店街が主催して銭湯を会場に寄席が開かれました。もちろんメインは柳好師匠ですが、「チビッコ落語家にも出演してもらおう」と呼びかけをいただき学校の許可も得、二人が出演の運びとなりました。学校とは違い、入場料をはらって聞きに来る大人の観客が相手です。きっと本人たちも緊張してこの日

寄席　in　銭湯「塩原湯」

伝説の地域寄席・経堂落語会復活を目指す新世話人会プロデュース　■出演：春風亭柳好、和光小学校チビッコ落語家さん、宮田章司（売り声アラカルト）■日時：平成15年4月23日（水）■開場：　：　■開演：19:30■場所：銭湯「塩原湯」（小田急線経堂駅北口下車すずらん通り徒歩○分）■木戸銭：前売り2000円　当日2200円　■プレイガイド：からから亭（tel：3425-0088）

を迎えたことでしょう。銭湯が臨時の会場ですから演台はいつもよりかなり高く、開始時刻も夜七時半とかなり遅かったのですが、柳好師匠の勧めもあり大夢君は「胴切り」、倖介君は「がまの油」を熱演、観客にも大いに喜ばれました。担任初め、他の先生達が聞きに来てくれたことも弾みがつき、お客さんも立ち見が出るほどで、二人にとっては貴重な体験になったようです。

柳好師匠は、噺の中で、出演した前座の子を誉めてくれたり、小学校とのこれまでの交流についても触れたりしてくれ、忘れられない一夜になりました。

大夢君からは次のような感想がハガキで届きました。

> すごくきんちょうしたよ。心ぞうがとび出るぐらいきんちょうしたよ。学校のらくごよりもきんちょうかんが出た。だいもすごく高かった。やってよかったなあとおもったよ。

八、一連の取り組みで気づいたこと・学んだこと

図書室の仕事や図書委員会の指導の中で、子どもたちと落語に接してきました。確たる自信もなく、「子どもたちはやれるだろうか」と迷うのは毎度のことでしたが、学んだり気づいたことも少なくありません。

●落語には、一・二年生にも充分楽しめるリズムがある

落語作品の中には、言葉のリズムの面白さや、トントントーンと口上が早いテンポで進む面白さを狙ったものもあり、子どもたちはそれを実に楽しそうに声に出し、演じてゆきます。時に、意味の分からない言葉や事柄があっても、それにとらわれずどんどん乗り越えてゆき、その演目の言葉のリズムやテンポの豊かさにのめり込んでゆきます。落語の面白さは奥の深いものでしょうが、言葉としてのリズムのこの面白さ

は、低学年の子どもにも大きな魅力なのです。テンポのよいものほど覚える時間は短く、多くの子どもをとりこにしてゆきます。

●観客がその場で参加出来る作品も楽しい

子どもが、友達の落語を聞き、演じる姿を見るのは楽しいことでしょうが、話し手と一緒に声を出す場面があったら、それはさらに大きくなります。聞き手の子どもたちも、いつかは自分も演じて見たいと思い始めますし、演じられている話を知っていることも多いのです。それを承知している巧みな話し手なら、その場に合わせた即興で、観客を巻き込んでゆきます。噺のまくらで、「みなさんは、手水《ちょうず》って知ってますか」（手水まわし）とか「剣道を習っている人はいますか」（胴切り）などと問いかけると、あちこちから答えが返ってきます。また、一緒に「じゅげむ」を唱えさせたりすれば、もう聞き手は大満足です。観客参加の話も楽しいものです。

●自分で選んだ作品なら、難しくても、子どもたちはこなしてゆく

子どもたちにはそれぞれ自分の好みがあり、作品集の中から好みのものを巧みに見

つけ出すことが出来ます。図書室に備えてある本のうち、ポプラ社文庫の『子ども落語　一～六巻』や『小さなわらいばなし　上・下』などは、たくさんの子に読まれて、かなり傷むことになりました。嬉しい悲鳴です。そして、自分で選んだものは、多少、難しくとも、自分なりに消化して、覚え、発表のチャンスがあれば、しっかりと演じ切ることが出来ます。

●「二人落語」という形式にすると演じやすくなる

話し手が、複数の登場人物を演じ分けるのが落語の一つの醍醐味でしょうが、「一人でやれる自信がない」という子どももいます。作品が少し長かったり、登場人物を演じ分ける自信がない時などは、無理もないことです。一人で「熊さん・大家さん」を演じるのは大変なことなので、そんな時は、一つの話を二人で分担するように勧めます。いわば、一つの話を、二人で演ずるドラマになおして演じるわけです。これが「二人落語」。まず、本を読み合わせて、それぞれが分担する人物や個所を決めます。慣れてきたら、身振り・道具使いなども相談します。相談が喧嘩ごしで進むこともあり、落語が漫才もどきになることもしばしばなのですが、これはこれで楽しい作業ですし、作品を練り上げてゆくエネルギーが充分に発揮されます。一人では自信がなかった子が、「二人落語」を卒業して、一人で演ずるまでには、そんなに長い時間はかかりません。

●落語は、昔の生活や文化などを学ぶ大きな機会

落語の世界は江戸期の社会が中心ですから、現代の子どもがほとんど触れることがない物や言葉が出てきます。今の子どもには、井戸端・ちゃぶ台・土間などはなじみのないものですし、用水桶・質屋・寺子屋なども分かりません。そこつ者・お灸・甘草なども調べなければ分かりません。自分の演目ですから、どんどん調べるように勧めます。そこから、昔の人の生活が少しずつ見えてきます。一つの歴史入門と言えるでしょう。

●クラスや学年縦割りのつながりの中で、教え合う強い関係が生まれる

落語は朗読ではないので、「お話として語りかける」技術がなければ成り立ちません。その技術は、やはり経験者から学ぶ必要があります。クラスの中の上手な人や上

級生はもっともよい師匠となります。落語の約束ごとや、話のテンポなどを教え合う関係が、あちこちに生まれてゆきます。クラスの中でも、上級生と下級生の間にも「教え・教えられる」絆が生まれます。

●プロの落語家に接するのは、きわめて貴重な体験となる

本校では、幸いなことに、春風亭柳好さんに接する機会に恵まれました。以前にもお出で下さったことがあるのですが、二〇〇二年十月に、卒業生のお母さんの紹介で、公演が実現しました。四時間目の二年生合同授業と、昼休みには落語ファンに向けて話をお願いしました。

落語家の実演は、一度でも落語を演じた子にとっては、大きな驚きを与えました。いつもは落ち着きのない何人かの子どもも話に耳をじっと傾けています。さすがにプロは違います。プロの落語家の、本物の魅力を子どもたちはしっかりと感じたようでした。

●落語会の仕事の分担で、委員の自覚が深まってゆく

「子ども落語の会」の企画・宣伝・司会進行などは図書委員会が分担して行います。絵ごころのある子がポスターを描き、写真担当の子は、あきもとしげる著『ゆび一本でカメラマン』（童心社）という本を読んで撮り方を調べて当日に備えます。プログラム・めくりの用意、当日の司会などの他に、五年生の委員には、下級生の落語の練習を指導する仕事もあります。下級生には「あんな図書委員になりたい」という気持ちも芽生えてきます。自分達の大好きな会ですから熱も入りますし、責任もキッチリ果たすようになり、会が成功すれば自分達の力を実感することも出来、自信も付けてゆきます。

九、教科書に取り上げられた落語

昭和十一年発行の国語教科書にも、落語は取り上げられています。落語が持っている教材としての価値は、早くから気づかれていたことが分かります。この教材が教室でどのように扱われていたかは分かりませんが、いつの時代にも、その楽しさは明らかだったのでしょう。落語の奥の深さがしのばれます。

また二〇〇二年のある出版社の四年生向け国語教科書には「ぞろぞろ」という作品が載っています。落語という伝統的な話芸が教材の一つとして取り上げられ、教室や図書室で子どもにも親しまれ、子どもどうしをつなげ、先人が工夫を重ねて作り上げた落語の不思議な魅力が、次代の子どもにも伝えられてゆくことは、大いに好ましいことです。楽しく取り組んできた子どもたちの姿がそれを物語っていると思います。

昨日

隣

達

家

（一）

八歳になる子供、昨日隣へ引越して來た人の子供と、もう仲の好い友達になつた。さうして、

「君は幾つだ。」

「七つだ。」

「それでは、來年は僕とおない年になるね。」

（二）

紙に「貸家」と書いて張つて置くと、いたづらな

厚

子供が、ぢきに破つてしまふ。そこで、考へたけてしまつた。
家主は、厚い板に書いて、しつかりと釘で打附
「これなら、五六年は大丈夫だ。」

劒

（三）

劒道じまんの男に向かつて、

「昨日は仕合をなさつたさうですね。どんなぐあひでした。」

「それがさ、あつてみると、先方はほんの青二

勝負　込

歳で、相手にするのもばか〱しかつたが、
立合ふだけは立合つてやつたよ。」

「どんな風でした、勝負の様子は。」

「相手はばかにすばしこいやつで、立上るが早いかいきなり打込んで來た。これには全く驚いたよ。ところが、そこが日頃の手練さ。」

「どうしました。」

「頭で受けたよ。」


『小学国語読本（巻七）尋常科用』（東京書籍株式会社発行所、昭和一一年二月二〇日発行、著作権・発行者　文部省）

十、落語と四年生の子どもたち

この項は私が初めて落語に取り組んだ一九八三年度の実践です。子どもたちとの落語の出発点はこの実践にありました。この実践に登場した子どもたちの中には中学校、高校に行っても落語を続けて、文化祭などで、先生の三味線入りで演じたりしております。一度身体の中に楽しさが宿るとそれは持続されていくものだということに気づかせてくれた子どもたちでした。

①　子どもたちと取り組む

・エネルギッシュで、スポーツに関心を持っている子どもたち（男子の半数以上）
・マイペースでこつこつとていねいに積み上げていく子どもたち

・人の心が分かり、困っている時援助を惜しまぬ子どもたち
・論理的思考を楽しみながら進めていく子どもたち

実に個性豊かな子どもたちがいて三年の時の劇づくり『ねむた地蔵おきた地蔵』では、生き生きと取り組み、キャスト決めなどでも私が口出ししなくても、子どもたちで適切に自分の役を選び取り、準備、練習から上演までの課題をたっぷり楽しみました。

しかし、そういう子どもたちではあったけれども、日常生活の積み上げは難しく、学習以前のリズムづくりにも大変時間がかかりました。忘れ物も多いし、クラスの中に自分たちの興味のあるものにはとびついていくが、こつこつと地道に作り上げていくことにはさっさと背を向けてしまう子どもがいる。目立ちたいし、何でもやってみたいけれど、友達とかかわっていく術が未熟で不器用で幼く、自己中心的子どももおります。

ゲームウォッチ・チョロQなど新しいものが売り出されるとすぐに教室に持ち込まれ、もめごとが起きることもあり、消費文化にも深刻に巻き込まれかけている子どもたち、安っぽい笑いや流行が文化になってしまっている子どもたち。子どもたちの生

活に必要な基本的なものが薄く、不必要なものがあまりにもたくさん与えられすぎている。その結果でもありましょう。思ったことを人にしっかりと伝えられないもどかしさを持っていて、ユーモアを解せない子どもたちでした。

二学期の後半は、「豊かに表現し得る力を付けさせ、自信を持った生活をさせたい」、「友達とのかかわりの中で様々な体験をさせ、集団で遊べる楽しさをもっともっと味わわせたい」という目標をたて、二学期の学級づくりの柱を、

①学級活動として落語に取り組もう（全員で）。

②兄弟学級での野球に取り組もう（学級内クラブとして）。

の二つにしぼり、子どもたちに、提案しました。

②　取り組みのねらい

この取り組みのねらいは第一に、心の底から笑える、からっとしたユーモアを持った落語を楽しむことにおきました。語り手の側にせよ、聞き手としての観客の側にせよ、その面白さにたっぷり浸るというところにねらいをおいたのです。

第二に、演じる者にとっては豊かな表現力を、聞く側にとっては、そういう友達の姿に触れる中でさらに自分を振り返り、自分に磨きをかけることが出来ればいいな、と考えました。具体的な進め方としては、班を中心として、話の選定から練習・発表の方法、順序等も含めて取り組んできました。その中で今までと違った友達の一面を発見したり、与えられた一定の時間で、班のプログラムを構成し、班としてのまとまりを深めていくことも視野に入れていきました。

③ 教室を寄席の場とした全員参加のミニ表現会

①子どもたちと落語の出会い

「表現会で何をやりたい?」と子どもたちに聞いてみました。すると、「何か面白い劇をやろうよ」という子どもたちが多く、よほど今までの劇づくりが楽しかったに違いありません。そこで私は、「劇もいいけれどそれはまた三学期に機会があるでしょ。それよりも昔の人がどんなことで笑ったのか、苦しい生活を吹き飛ばすような笑いってどんなものだったのか、たどってみないかな」と前置きして、落語をやろうと提案しました。

「エーっ、落語？　そんなの知らないよ、いやだよ」という声が真っ先に出て、見通しは暗い。「初めての取り組みだからよく分からない人もいると思うよ。先生がこれから少しまとまったお話と、うんと短いお話をするから、それを聞いてまた考えよう」、そう言って子どもたちの何人かが知っている『ひらばやし』と『寝ごと』を紹介しました。「何だか面白そうだな」という一人のつぶやきが出たところで、「そうだ、君たちの中で何人かが一年生の時にやった『じゅげむ』のお話も落語から出来たんだよ」と付け加えました。「うん、面白そうだな」ともう一人が言い出して、よく分からないところもあるけれど、取り組んでいこうということになりました。

②班を中心に取り組んだ全員参加のミニ寄席

翌日、買い込んだ『子ども寄席』（こずえ堂）を十二巻、『こども落語』（ポプラ社）六巻と図書室にある名作落語を五冊ほど抱えて、「ほら、こんなにいっぱい、ちょうど君たちぐらいから楽しめる落語があるよ。読みたいと思った人から見ていいよ」とまず本の紹介をしました。真っ先に図書室にとんで行ったのは、本の大好きなまきさんでした。二三冊あった本はたちまち子どもたちの手にわたっていきました。

ミニ表現会の提案　　十一月十二日（金）
○目的　落語の面白さを知り、クラス全員で伝え合おう
○日時　十一月二七日（土）　二校時より行う　教室を寄席の場とする
○表現会の持ち方
①自分の落語（初めてなので、小噺でもいい。もちろん自信のある人は長さにかかわりなく選んでいいし、自分で作った落語でもいい。）
③班長の仕事
・班での司会者を決定する
・順番を決めておく
・班での持ち時間は二〇分以内にとどめるように努力する
・なかなか決まらない人がいたら先生に報告、力を借りるようにする

提案は受け入れられ、いよいよ具体的に動き出した。お話の世界への道案内は出来たが、肝心の落語についてはよく分かっていない子どもたち。そこで次の日は落語に

ついて説明しました。

○落語とは？
はなしは、はなしでも落ちると書きます。よく耳にする落語というのは、いったい何なのでしょう。
○落語にとっての条件は次の三つ
一、おち＝おちというのは、その落語の結びですが、その結びを最も効果的におかしさをそこに集中的に発揮させるように工夫をこらしたもの。
二、弁舌＝言い方、しゃべり方のこと。そのおちを効果的にするための仕込みと言って前もって聞き手に準備させておく段取りもある。
三、仕方＝身振り、手振りを含めて、そのしゃべり方の効果をねらうこと。顔の向け方、手ぬぐいなどの小道具、扇子の扱い方。

一班と六班はなかなか題が決まらず、ぎりぎりまで苦労していましたが、ようやくリーダーも決まり、班としての動きも活発になっていきました。

ミニ寄席のプログラム

（二班）

・生まれ変わる時には
・近がん
・かめの口
・やかんどろ
・どろぼうこばなし
・動物小話

（四班）

・半分あか
・しぶ酒
・ばけものづかい
・がんりゅう島
・洗たく
・かわいい
・金のだいこく

いよいよ当日、椅子を片付け、筵《むしろ》の上に座布団一枚を敷いて、教室はミニ寄席の場と変わりました。この日、東京農業大学の落語研究会のメンバー十三人にも来てもらい、子どもたちの喜びもひとしお。ぐっと雰囲気も盛り上がりました。授業ではあまり目立たなかった子の話が聞き手にはっきりと伝わってきたことに気が付いたり、普段とは違う子どもたちの一面も発見出来ました。

しかし、問題点もいくつか出てきました。真剣に取り組まなかったため当日原稿を見ながらやっていた人が何人かいて、「もう少し練習する時間が欲しかった」という感想もありました。次に、一番肝心な「おち」が子どもたちにストンと落ちないことでした。話し手はけっこう楽しんではいるが、終わって笑っているのは担任と学生だけでした。

子どもたちが選んだ作品の一つひとつに対して、個別の反応が少なかったからだろうか。本人たちのやる気を充分引き出し切れていなかったからだろうか。やはり四年生にとっては内容的に無理があったのだろうか。

この取り組みをしていて一番辛かったのはこの時期でした。

しかしそんな中でも、「一席お付き合い願います」と扇子を前に深々と頭をたれて演じ始めた子や、昔ながらの落語『半分あか』を選び、顔の向きなど仕方も入れながら演じた子などはけっこう楽しそうでした。演じている方が楽しんでいれば、自然と聞く方も楽しくなるものです。最後に学生が『まんじゅうこわい』をやってくれました。最初これをやろうと言ってやめた子の顔は真剣そのもの。学生もまた、生まれて初めて小学生だけの観客の前で演じるということで一生懸命やってくれました。同じ落語でも語りにはいろいろ工夫が出来ることを感じ取った貴重な体験だったように思います。

この日、少し長い粗忽話に挑戦していた子が、学生に次のような質問をしました。

Q「長くてなかなか覚えられないんだけど、どうしたら覚えられますか」

A「それはね、初めから全部まったく同じように覚えようとしなくていいということ、つまり大まかにこんな話というのを頭に入れてから、順序に従って覚えていくといいんだよ」

担任の不安をよそに、ミニ寄席は楽しい雰囲気で終了したのでした。

④学年の表現会で落語を演じる

表現会をやろう　十一月二二日

イ　目的・表現することの楽しみを通して、クラスの団結を目指し、他のクラスからも大いに学び合う。

ロ　内容・特に限定することはしない。劇、朗読、群読説、その他クラスの独自の発表に委ねる。各クラス、二〇分をめどに。

ハ　実行委員・各クラス　二名、（当日の司会、ニュースの発行、準備計画）
ニ　日時・十二月三日　一時五分　体育館

落語は一人で演ずるものですが、学級としての取り組みなので、出来れば全員参加の表現活動の場としても設定したい。しかし、どのような方法があるだろうか。勉君たちは最初の呼び込みの太鼓を受け持ちたいと言って来ました。プログラムの作成も子どもたちの手で進めました。でも子どもたち全員に語らせたい。そこでその後、子どもたちと共に読んだ作品の中から、子どもたちのフィーリングにあった作品、『与太郎』を全員一致で選びました。こんなおかしい話が好きでたまらないクラスになってきたのです。

表現会を終えてみての感想は、話のあらすじがはっきりしていて作品の選択には間違いはなかったし、確かに他のクラスの子どもたちの手ごたえもあったが、今一つ盛り上がりにかけていたということでした。演出者たる担任の力量不足をかみしめたことは言うまでもありませんが、本来一人で語るものを四〇人で語るということには、無理があったのだと、ここで改めて気づきました。それにしても作品選択での子どもたちの視点は素晴らしいものでした。

与　太　郎　　　（さとうわきこ著『小さなわらいばなし上巻』ポプラ社文庫）

きゅうに夕立がふってきました。

いんきょは、

「こうきゅうにふりだしたんでは、かさを借りにくる人がいるだろう。」

と、与太郎を呼び、

「わしが表にいては、かさを貸さぬわけにもいかぬが、つぎつぎと貸したんでは、かさがいくらあってもたりぬ。与太郎。借りにきたら、おまえが、てきとうにことわってくれ。」と、おくへひっこみました。

そこへ、となり町の徳助が、走りこんできました。

「ちょっと、かさをお借りしたい。」

「ほいきた。」

与太郎はさっそく、

「かさを、いちいち貸していたら、いくらあったってたりやしねぇ。うちには、かさはないから、帰んな、帰んな。」

と、冷たくおいかえしました。それをおくできいていた、ごいんきょ、

「これ、与太郎。おまえのことわりかたは、ひどいぞ。もう少し、いいことわりかたをしなさい。かさはあるにはあるが、骨と皮がばらばらになっていますので、たなのすみにほうりあげてあります。とかなんとか、いうものだ。」

「あい、わかりました。」

しばらくすると、となりのひとがやってきました。

「このごろ、ねずみがでてこまっておりますので、ひとつ、おたくのねこを貸してもらえませんでしょうか。」

すると与太郎、

「そりゃあ、お安いご用だが、ねこはこのごろ、骨と皮がばらばらになりましたので、たなのすみにほうりあげております。」

それをきいて、となりのひとは、あきれた顔で帰ってしまいました。

いんきょは、また奥からでてきて、

「やれやれ、おまえにはこまったものだ。そういうときは、このごろ、ふんのしま

つが悪くてこまりますので、うらの物置につないでおります。お役に立たないで、まことにざんねんでございます、というもんだ。」

「あい、わかりました。」

またしばらくすると、表どおりの親方がやってきました。

「ちょいと、ごいんきょに、顔だしていただけませんかい。」

すると与太郎、ここぞとおもい、

「はあ、いんきょは、近ごろ、くそのしまつが悪くてこまりますので、うらの物置につないでおります。お役に立たないで、まことに、ざんねんでございます。」

「与太郎」は、後日、三学期の始業式の日に、その頃から落語に興味を持ち出した魚太君が一人で演じ、聞いていた子らの笑いを誘いました。学年発表の「けす」に比べると演じ方にも落ち着きがあり、場数を踏むごとに力量もついていったようです。

この日初めて、高いところで座布団に座って演じる子どもたちにはきりっとした緊張がありました。プログラムにの一つに、『山手線一周のうた』がありました。柳亭痴楽さんの有名な新作落語ですが、お母さんから教えてもらった子が演じました。これに耳を傾けていたお母さんたちや先生たちの顔が自然にほころびました。

山手線一周のうた

上野をあとに池袋
走る電車は内まわり
私は近ごろ外まわり
彼女はきれいなうぐいす芸者
日暮里笑ったあの笑くぼ
田端を売っても命がけ
思うはあの娘のことばかり
我胸の内駒込と
愛の巣鴨へ伝えたい
大塚なびっくり度胸を定め
彼女に会いに池袋

いけば男が目白おし
そんな彼女はだめだよと
高田の婆や新大久保の
おじさんたちの意見でも
新宿聞いてはいられません
代々木なったら家を出て
原宿へったと渋谷がお
彼女に会えれば恵比寿顔
親父が生きてて目黒いうちは
わたしもいくらか五反田《ごうたんだ》
大崎真暗恋の鳥
彼女におくるプレゼント
どんな品川よいのやら
田町も宙におどるよな
色よい返事を浜松町

そのことばかりが新橋で
だれに悩みを有楽町
思った私がスッ東京
なんだ神田の行き違い
彼女は疾うに秋葉原
ほんとに御徒な事ばかり
山手は消えゆく恋でした

「柳亭痴楽・綴方教室」（朝日ソノラマ）より

その時の楽しさを演じた子は次のように言っています。

表現会でぼくたち四年二組は、落語をやりました。ぼくはいろいろな本を見たり、テープを聞いたりして、たくさん覚えました。ちょうど社会で地図を見ていたとき、お母さんが『山手線一周のうた』をうたっていました。その駅名を聞いて、ぼくも覚えようと思いました。山手線には二七の駅があります。何度も何度も地図を見てお母さんに教えてもらいました。トイレやおふろの中でも口ずさんでいました。二日間でやっと地図を見なくてもいえるようになりました。こんどは節をつけるようにうたってみました。ぼくはこの表現会のおかげで、山手線は覚え、おかげで電車にのっても、次はどこ、次はどことわかるようになりました。たのしかった。

オーソドックスに『子どもらくご』から選ぼうと思っていた私、これをどうしてもやりたいと言って来た子ども、よしそれでいこうってOKを出したのは私、予想もしなかった反応に私はたじたじでした。色恋沙汰とは無縁の九歳の小柄な子が、まじめに、素朴に演じる姿は、逆に何とも微笑ましく聞かせたものでした。師匠がお母さんと分かったので翌日の親和会の折、『山手線一周のうた』を演じてもらい大変なごやかな雰囲気になったことも付け加えておきます。そして、終わりの三題『かんじょう板』『まんじゅうこわい』『かたぼう』も長くて内容が難しいにもかかわらず、自分たちの力でやり通し、万一に備えて本を片手に舞台の袖で待機した私は、嬉しいことにほとんど何もすることはありませんでした。子どもたちの記憶力は、本当に素晴らし

いものでしたし、子どもたちは生き生きとして輝いていました

落語をやって
ひょうげん会では「かんじょう板」というらくごをやった。

本番でたいへんなのはまず、①つっかからないこと ②観客が笑っているときつられないことの二つだった。ひばりは二つめのほうがむずかしかった。

落語をやって一番うれしいのはお客さんが笑ってくれた時でした。

こっちが真剣に話をしていても、むこうがしらけていては、やったかいがないと思います。これからもいろいろなところで落語を生かしていきたいです。

（ひばり）


面白くて、すっきりして気持ちよくてたまらなくなる、という子どもたちに改めて何がそんなに面白かったのと聞いてみました。
・覚えた時の嬉しさが何とも言えない、試してみたくなる。
・笑ってもらった時が嬉しい。

・面白くて変な言葉をいっぱい覚えた。例えば、おひらは、でっかい皿。
トイレ↓セッチン・ちょうづば・ごふじょう。
きやり↓重い材木を運ぶ時にうたう歌。
てこまい↓みこしの先頭についてにぎやかに歩く芸者。
そしょくに甘んじ↓まずい食事、粗末な食事に我慢をして。
・昔、水屋という商売があったというのを知って驚いたし、昔のことって面白いことがいっぱいある。

語りとしての落語　自分の中で操作出来る面白さ

この実践を研究会で報告した時、文化というのは必ず子どもを変えるものを含んでいるだろう。そうだとしたら落語の持っている文化性っていったい何なのだろうという問いが出されました。

この問いをまとめてみたいと思いました。劇とも違う、絵本や本の読み聞かせとも違う。それはいったい何なのだろう。

劇は集団的に創っていくけれども落語は違う。登場人物の与太郎も隠居もすべて自分の手の内で展開される。つまり語り手の私を全部くぐりぬけて語られる。観客にとっては、この私からこういう話なんだということが伝わればいい。本を読ませたりすると、あるリズムを持って読む子が出てきたり、棒読みになったりするけれども、確かに落語になるとそれが取れてくる。落語というのは、相手との関係をどう創っていくのか、ということなどに深く関わっていくものだろう。つまり声を高めたり低めたり、しぐさを入れたり、観客を意識しながら、自分の中で操作出来る楽しみが含まれているのではないでしょうか。

うまくいかなければ相手の反応に合わせて、テンポを変えたりすることも可能になってきます。子どもたちはここに近づこうとしてがんばり、一歩近づくとたまらなく面白くなったのではないでしょうか。相手のことを計算しながらやっていくということは、そこでのコミュニケーションも密になってくるはずです。

つまりは、自分で演題を自由に操れるところに落語の奥深さがあるのでしょう。

④　その後の子どもたち

●いつでもどこでも気軽に出来る落語

その後も落語ブームは続いていたので、それではと「自分の得意な落語、ぼくや私の十八番を持とう」と呼びかけていきました。

「先生、ラジオの落語面白かったからテープに取ってきた。聞いてみて。貸してあげるよ」とひばりさん。「クリスマスのプレゼントは落語のテープ十巻にしてもらった」と魚太君、そして「ぼくもテープを買ったよ」と大地君。

また春休みには小梅さん、魚太君たち数人が一緒に新宿の寄席に出かけ、そこで「今日は珍しく子どものお客さんが来ているから、子ども向けの落語をしてあげるよ」と言ってぼくたちのためにやってくれたんだよ、と大喜びで帰って来た子どもたち。

私の予想をはるかに越えて、子どもたちは積極的に落語に向かっていきました。三学期、掃除のことで五時間目の授業に遅れて教室に入ったら、何と机の上に魚太君が座り、『クリスマス』という話をやっているではありませんか。また家でもクリスマス会やお祝いの会等で太鼓も使って演じるとのこと。覚えたら演じてみたいという欲求を、折に触れ場を設定しながら生かしている子どもたちがそこにいました。落語は舞台だ、衣装だ、照明だと心配しなくとも、時間とわずかの空間があれば楽しめるよさもあるのでした。江戸時代に栄えた庶民の文化らしいと思います。この三学期から二組の真打ちも桑原君から魚太君に自然に交替していき、魚太君はますます落語の世界にひたるようになり、演じる方の人材も豊かになっていったように思います。

●落語クラブの誕生

五年生になった子どもたちは、担任も代わり新しい生活を始めましたが、落語はクラブの誕生という形で引き継がれていきました。十人以上いなければ高学年のクラブは認められないので、隣のクラスの子にも誘いをかけて、ついに、初めての落語クラブを誕生させてしまったのです。正副部長各一名と部員は男子四名、女子四名です。それぞれ和光亭満点、魚太、ピュー太、プリンなどと名乗っています。

この落語クラブの誕生を次のように綴っています。

> 「落語のどこがおもしろいか」
>
> ぼくは、はじめ先生が表現会で落語をやらないかと言ったときやだなと思った。なぜかというと今まで落語を聞いていていて全然おもしろいなんて思わなかったから。

でも小噺をまじめに聞いているとだんだんおもしろくなった。クラスでミニ寄席をしたときに農大の落研の人が三人来てくれてなおさらおもしろくなってきた。四年生の表現会でぼくは小噺をやった。二五分休みとか昼休みをつぶして練習したからうまくいくと思った。ぼくのは少し変だったけど、みんなうまくできて、ぼくの組が一番よかったと思う。十人いないとクラブができないから、いっしょうけんめいにせんでんをした。先生が落語にまるをつけたときはうれしかった。解散といったらみんな喜んで村田先生に伝えに走った。先生がおめでとうと喜んでくれた。第一回目のクラブ活動は、はじめはぼくたちだけでやったけど、先生が来てくれた。落語クラブがいつまでもクラブとしてあったらいいと思うな。僕は今、『あたま山』というのを十八番にしている。内容は、けちな人がいて種を飲んだら数日後に芽を出し、ほっといたら木になり、人が来て踊ったり飲んだり歌ったりしてその木を抜いたら、暑い日に雨が降ってきてすずしいからこのままにしておこうといった。そしたら鯉や鮒がいついた。そして釣り人がたくさん来た。こんな思いをするならいっそのこと死んじまえと思い、池に飛び込んだという話でおもしろい。これからもいっぱいおぼえていきたいと思います。

友達とのかかわりがぶきっちょで子ども集団に慣れるのに大変時間がかかった子は四年の後半からしっかりと集団の中にとけこんでいきました。自己表現の術を身に付け、自信も付いてきたのでしょう。「ぼくのは少し変だったけど」、と言っているのはそれなりに努力してきたからこそ出てきた言葉だと思います。

「あたま山」は素晴らしい作品だと思っています。子どもが書いているように、まるで発想がSFの世界です。こういういわば四次元的な世界で味わったからこそ、これからもいっぱい覚えたいと思ったのでしょう。作品を載せておきます。（「子ども落語」㈤より、ポプラ社文庫）

あたま山

とてもけちんぼうな人が、さくらんぼうを食べましたが、けちなくらいですから、種があっても、「世の中の人は、みんなこれをすてるけどね、わたしはあんな、もったいないことはしませんよ。」と食べてしまいました。すると、この種がお腹に入りまして、体のあたたかみで、種から芽がでると、だんだんにこれがせいちょうして、木になり、頭をつきやぶって、大きなりっぱなみきになりました。そのりっぱなこと、春になるとみごとなさくらの花がまんかいです。

「こんちはぁ。」

「だれだい……なんだ、だれかとおもったら、英さんに、五郎ちゃんかい。ふたりそろってなにか用かい。」

「ごいんきょさん、あたま山のさくらのうわさをききましたか。」

「ああきいたよ。なんでもたいそう、みごとだというじゃないか。」

「そうなんですよ。ほかの山のように、たくさんのさくらがあるわけじゃなくって、たった一本なんですけどね。なにしろ、みごとなさくらだというんで、近ごろじゃあ、上野や向島、飛鳥山にいくよりも、みんなが、あたま山のほうがいいってね、たいへんににぎわっているそうですよ。」

「そこでね、みんなであたま山に花見にでかけようというんですが、ごいんきょさんもいっしょにいきませんか。」

「ほほう、なるほど。みなさんといっしょに花見か。それはけっこうだな。わたしもきかいがあったらいってみたいとおもっていたところなんだよ。」

「それはちょうどいいや。いえね、みんなであたま山の話をしていたら、角の伊勢屋のだんなが、『そういういいさくらの名所ができたのならぜひいきましょう。ついては、花見のことだから四斗だるを一本きふしましょう』ってね。そうしたら今度は、三河屋のだんなが、『それでは、うちは重箱のなかにごちそうを用意します』って。すっかりしたくがととのっちゃったんです。それじゃぁごいんきょさんもでかけますね。」

というわけで、町内の人たちがおおぜいで、

「そぉれ、花見だ花見だ。」

と、にぎやかにでかけます。さて、せんぽうにつくと、もういっぱいの人で、あっちのほうで三味線をひいて歌をうたう人があるかとおもうと、こっちのほうでは目かくしをして鬼ごっこをしていようというさわぎです。

「ごいんきょさん、よくおでかけくださいましたな。」

「これはこれは、伊勢屋さんに三河屋さんですか。きょうはどうもおまねきいただきまして、ありがとうございます。」

「どういたしまして。わたしどもも、ごいんきょさんにきていただいて、こうして

花の下で、川柳のひとつも教わりたいとおもいましてね。」

「なるほど、花見の川柳では『銭湯で上野の花のうわさかな』という、ゆうめいな句がありますね。」

「あのう、一句できましたが、こういうのはいかがでしょう。」

「ほほう、うかがいましょう。」

「『この山は』というでだしです。」

「なるほど、『この山は』。」

「『かぜをひいたかはなだらけ』。」

「そんな、きたないのはいけませんよ。」

「いけませんか……まあ、お酒をひとつ。あれあれ、お酒がさめちまったな。それでは、すぐに小枝でもあつめて、おかんをさせましょう……おいおい、この酒をあたためておくれ。」

頭の上でたき火をしたりするから、あついのなんの。

「じょうだんじゃないよ、朝からばんまで、人の頭の上でわいわいさわいだあげくに、たき火なんかされてたまるかいっ！」

たまりかねて、頭をひとふりすると、

「それっ、じしんだっ！」

というわけで、みんなふりおとされてしまいました。

「こんな木があるから、みんながよってくるんだ。こんなものはひっこぬいちまえ。」

頭の木に手をかけて、めりめりっと根っこごと、これをひっこぬいてしまうと、あとにぽっかり大きなあながあきました。さて、この人が表に用たしがあってでかけると、あいにく雨がふってきた。やがて、ざーっと夕立になったから、頭のあなに水がたまりました。でも、この人はけちですから、この水をすてません。そのうちに、この池に魚がすみつくようになりましたから、今度はみんなが、朝早くから魚つりにやってきます。

「どうです、つれますか。」

「ええ、もう、うんと大きなくじらをつろうとおもってるんです。」

「くじら……それはむりでしょう。」

「つれたぁ！」

「くじらですか。」

「いえ、メダカです。」

なんてんで、またまたにぎやかなこと。夜は夜で、すずみ船がでて、やっぱり三味線などをひいてさわぎますから、

「ああ、うるさいうるさい、こんなことならいっそうのこと……。」

この人は、じぶんの頭の池にとびこんで、死んでしまいました。

部長

落語は最初おもしろくないということが頭をよぎった。しかし図書室で本を借りて覚えてみると、とってもおもしろい。農大生の人にコーチをしてもらい、みんなの前で発表した後も本など読んでみた。ぼくたちの落語クラブの丸町君など少年少女名作落語を全部持っているし、中野君も落語テープを持っている。落語を教えてくれる農大生の人たちのおかげもあって、みんなうまくなり自分たちで寄席もできるようになった。

●取り組みを終えて

人を笑わせたい、喜ばせたいという欲求は、現れ方は様々であっても本来持っているものなのだろう。面白いのを覚えたら、さっそく友達にやりたくなるというのも自然の欲求かもしれません。専門家の落語に比べると、ちっとも技術的にうまくないのに聞ける、そして、それなりに様になっているのは、そういう人間的な欲求に根ざしているからであり、自分の中で楽しみが身についたからであろう。次のひばりさんの文は「おち」のみに限らず組み立てられた話の面白さにとことんのめりこんでいる様子が伝わってきます。

私の『千早ふる』の初高座は、去年のピアノのクリスマス会のときだった。その頃は、もちろんクラブができるなど夢にも思わなかったので趣味でやっていた。クラブに入ってからも『千早ふる』ほどおもしろい落語はおそらくみつからないと思います。どうして『千早ふる』にしたかはおぼえてないけど、どたんばで変えたのはおぼえています。『千早ふる』は七分ほどの話で、かんたんに言って、八っあんがご隠居さんのところに千早ふるの意味を聞きたいといってきて、ぜんぜん意味を知らない人が教えるところに笑いがあります。
落語のケースでときどき、おちだけおもしろい話がありますが千早ふるは、おちに力があり途中でもおもしろい。本など読んでいて思わず笑ってしまうような話です。おちの所でお客さんが笑っていると、ついつい笑ってしまうようなおもしろさがあります。ちょっとむずかしいところもあったけど、そういうところは、てきとうにごまかしても落語になるので、やりがいがありいい落語だと思いました。二学期のクラブでやってみようと思います。

（ひばり）

落語を覚えていて苦労することは、いっぱいあります。カセットを聞いていて何を言っているんだかわからないところがたくさんあるときや、関西弁などで話しているときは、覚えるのに時間がかかります。ぼくは落語は本で覚えないで、カセットを聞いておぼえるのでむずかしいです。わからないところを本で調べようとするけど、その話がなかなかないので、いつもそこのところはどうにかごまかしながら話してます。それから扇子を使ったり手まねをしたりする練習も時々やります。落語研究会の人に時々教えてもらうこともあります。ぼくは落語クラブの中で一番うまいといわれています。だから落語の発表会などを開くといつも、真打ちとして一番最後にやります。ぼくも一番最後にやるのが、どういうわけか一番気分がいいです。（魚太）

とにかく、落語の面白さを知って欲しい。という気持ちで取り組んだのですが、もう一つテレビなどのドタバタ番組の面白さに興じている子どもたちの心を落語の面白さに引き付けたいという気持ちもありました。クラブ発表の寄席では子どもたちが、実に楽しそうに聞き入っているのです。愉快そうなのです。ここにきて初めて、思い切って取り組んでよかったなぁと思いました。四年の後半からの子どもたちは相手のことも視野に入れて自分を見つめられる時期であり、記憶する力もぐんぐんさえてくる時期でもあります。このような子どもたちの学年発達段階から見ても、落語という素材を扱うことはそう無理ではなかったのではないかと思います。

落語関係で参考にした本

一『子どもらくご（一）〜（六）』　柳亭　燕路　（ポプラ社文庫）
二『古典落語』　桂　小南　監修　（クロス・ロード社）
三『日本のわらいばなし』　川崎　大治　（フォア文庫）
四『子ども古典落語　一〜五』　（アリス館）
五『小さなわらい話　上・下』　さとう　わきこ　（ポプラ社文庫）
六『まんじゅうこわい―きみにもなれるらくごの達人一』桂　文我　（岩崎書店）
七『まんじゅうこわい　落語の世界』　戸井田道三　（筑摩書房）
八『子ども寄席　全六巻』　柳亭　燕路　（こずえ堂）
九『おもしろ落語図書館』　三遊亭　円窓　（大日本図書）
十『日本わらい話』　前川　康男編著　（青い鳥文庫―講談社）
十一『日本のわらい話』　川崎大治民話選　（童心社）
十二『日本のとんち話』　川崎大治民話選　（童心社）
十三『日本のとんち話』　宮脇紀雄編著　（偕成社）
十四『少年少女名作落語　一〜一二』　小中　太道　（偕成社）
十五『林家木久蔵の子ども落語　その六』おさわがせな人たち編　（フレーベル館）
十六『柳家花緑の落語』　小野　幸恵　（岩崎書店）

十七『落語絵本　じゅげむ』　川端　誠　（クレヨンハウス）
十八『落語絵本　まんじゅうこわい』　川端　誠　（クレヨンハウス）
十九『落語絵本　めぐろのさんま』　川端　誠　（クレヨンハウス）
二十『落語絵本　はってんじん』　川端　誠　（クレヨンハウス）
二一『落語絵本　おにのめん』　川端　誠　（クレヨンハウス）
二二『こども講談（全）』　杉山　亮　（フレーベル）
二三『歴史講談　一～六』　一龍齋貞水　（フレーベル）
二四『野村萬齋の狂言』　小野　幸恵　（岩崎書店）

第2章

小学校の図書室

一、小学校の図書室を考える

小学校の図書室は、一般の図書館とは違って、利用の仕方や受け入れ方を出来るだけ幅広く考えておいた方が良いと考えています。図書室という空間は、一年生から六年生までの子どもたちはもちろん、教職員やお母さんたちが訪れて来ることも珍しくなく、子どもたちの利用と言っても、図書のことだけが目的で来るわけでもないので、求められるものも実に多様になります。

① 図書室に求められるもの

子どもたちの場合

● 本を借りに来る子、返しに来る子

●調べたいことがはっきりしており、その資料を求めて来る子
●調べたいことが、まだ曖昧だったり、絞り切れない状態で来る子
●相談場所に使う子
●遊びに来る子、おしゃべりの相手が欲しくて来る子
●疲れてほっとしたくて、ぶらっと来る子

お母さんたちの場合

●「家にたくさん本があるのにさっぱり読まない。読書好きにしたいのだがどうすればいいのでしょうか」とか、「作品の中には、むごい場面が出てくることがありますがそのまま読み与えてもいいものだろうか」などの、読書相談。

●「子どもの頃読んだ本は絶版だが、懐かしい。まだあるだろうか」とか、「クラスの劇づくりのために衣装を作りたいが、絵が載っている本を見たい」などの閲覧の希望。

「図書室を、本の利用以外の目的で使ってはいけません」とか、「図書室では静かに

本を読みましょう」などの規則一点張りでは、子どもは図書室から遠ざかるだけになるでしょう。教室と同じように、時にはのんびりする場であったり、窓から雨を眺める場であってもよいわけですし、騒がしくならないならおしゃべりの場であってもよいのです。図書を利用してもしなくても、図書室は子どもたちのどんな使い方にも応じてゆかなければならないし、子どもにはもちろん父母にも、その門戸は広く開けて置かなければなりません。一般的モラルは状況に応じて要求していくようにしています。

休み時間を豊かに

図書室の活動は、学校の授業タイムと全く逆の《休み時間・昼休み》が中心になります。いわば「授業の隙間」と言ってよいでしょう。休み時間の子どもたちの姿には、子ども理解のたくさんのヒントが隠されているのですが、この「隙間」でも、図書室をいつも楽しく利用出来るように整えておくことは重要なことです。

こんな考えをもとに図書室づくりの工夫について触れてみます。

②　図書室づくりの工夫

●本・資料を探しに来たり相談に来たら、すぐ対応するように心がける。「図書室でも分からない、行ったが無駄だった」ということが何度かあると、子どもの足はパタッと止まってしまいます。目的の本・資料がない場合は、必ず代わりのものを提示したり、後日用意するようにする。

●恐竜・鉄道・昆虫などやビーズづくりなどは、子どもたちの間では、もっとも関心が強いので、これらの本・図鑑類を、見つけやすく取り出しやすいところにひとまとめにしておく。入り口付近には、持ち込んだ虫などをすぐに調べられるように、図鑑や科学のアルバムなどの本を並べておく。

●読み聞かせや紙芝居・落語などが出来る空間を作り、いつも活用出来るようにしておく。狭ければ狭いなりに、演ずる者と観る子どもの距離が近づき、お互いが親しめる大切な場となる。

●生活勉強・総合学習などの調べ学習関係の本は、単元・テーマごとにまとめておく。各学年やクラスで、今どんなテーマで学習が進んでいるのか、情報を集め、それに応じて本や資料をまとめて配架するようにする。

●蔵書は、出来るだけ子どもの本を中心に購入するように努め、それ以外の本は精選に努める。新刊の購入に当たっては、子どもの声に出来るだけ耳を傾けたい。

購入を希望した子どもは心待ちにしているのだから、新刊本や購入本は出来るだけ早く、新刊紹介コーナーに並べ、図書委員などを通じて子ども全体にPRする。

●本棚の本はびっしり詰め込まず二・三冊程度の隙間を空けておき取り出して見やすいようにしておく。

●学期に最低二度は、図書室と職員室を結ぶ「図書ニュース」を発行。新刊本の紹介や図書室での子どもたちの様子を伝える。

二、図書委員会の活動

図書委員会は、四年生以上の各クラスから二名ずつ、計十二名で構成されています。前期・後期の二期制で、委員の任期は半年です。主な仕事は、毎日のカウンター当番、本の整理、委員としての読み聞かせ、「図書ニュース子ども版」の発行、各クラスの希望をとって図書室の本の購入にも出かけます。その際は、図書委員として推薦する本を一冊購入出来ます。この他、「表現会」（図書室の本などからヒントを得て、友達と手品や劇を演じる）、「子ども落語の会」などを開催します。企画から当日の司会までのすべての仕事を、委員それぞれが分担します。

図書委員会の活動内容や方法は、委員会で決めてから動き出すので、年度によって多少異なることもあります。例えば一九九八年度は、一週間の「読み聞かせ担当者」の名前をあらかじめ《図書ニュース子ども版》で配っておき、「読んで欲しい本をこの図書委員に持って来れば、読んであげます」という試みがありました。翌九九年度には《紙芝居の出前》をやりました。昼休みに委員二人一組で一年生のクラスに出かけたり、低学年校舎の廊下のコーナーで演じたりします。「図書室の外でも活動しよう」というねらいです。二〇〇〇年度は《絵本の読み聞かせ》と、図書室を使いやすくする工夫を出し合って「図書室ニュース子ども版」に載せたり、みんなに守って欲しいことを俳句に作って貼り出したりという活動が中心で、二〇〇一年度から二〇〇二年度は「子ども落語の会」の活動が中心になりました。

① 子どもたちの目で本を選び、購入する

本の購入は、各教科の教師に呼び掛けをしたり、その年度のカリキュラムを見ながら必要なものを検討したり、また必要によっては、出版社の相談員や他校の司書など子どもの本に詳しい人に力を借りたりもして、計画・補充してゆきます。

中でも大切にしているのは、図書予算の一割ほどを、子どもの選択に委ねる制度です。これには、図書委員が各クラスの希望をとって購入する方法と、図書委員がそれ

ぞれおすすめの本を選び、購入する方法があります。委員を引率して街の書店に、年に二度、実際に買いに出かけます。行く前に本を決めるように指導しますが、書店で選ぶ子もいます。

「どんな本を希望するか」「この本がおすすめです」という子どもの声から、子どもたちの興味のありかたも分かりますし、クラスの様子も伝わってきます。私の気がつかない本が選ばれることもしばしばです。購入本は「図書ニュース子ども版」に載せます。すぐに誰かが借りに来ます。購入して台帳に記入・入力し、新刊コーナーに並べて貸し出せるまで一週間ほどかかりますが、それまで何度も確かめに来る子もいます。評判が良ければ口伝えで伝わり、借りに来る子どもたちが増えていきます。

② 子どもから子どもへのおすすめ

絵本の読み聞かせ・紙芝居は、時には教室に出向くこともありますが、主に図書室で行います。少人数でやることが多いので、その分、こまやかに対応することが出来、聞き手との距離も密接になります。

この読み聞かせから、学年間の縦割りの子どもどうしのつながりも育ってゆきます。例えば『ランパンパン』という絵本の周りに三人の子が集まってその本が大好きな図書委員が読み聞かせをしています。この本は、私もその後一年生に読み聞かせたのですが「ランパンパン　ランパンパン……」の繰り返しのリズムが楽しくて、この部分を子ども参加の読み聞かせのスタイルでやりました。「この絵本は四年生の大河君という図書委員のおすすめなのよ」と言いましたら、翌日、その図書委員の周りに昨日の一年生が取り囲んで同じ本を読んでもらっているといった具合です。

このような図書委員による読み聞かせは見慣れた風景になりました。

③　図書室ニュース子ども版

図書室や担任から「図書室をたくさん利用しましょう」と呼びかけても、なかなか利用は増えませんが、図書委員が発行する「図書ニュース子ども版」(図書委員が発行する全校に向けてのたより。一九九八年度は『本の虫』・九九年度は『ＢＯＯＫ・ＷＯＲＬＤ』、二〇〇〇年度は『図書室だ～いすき』など)で、図書室にやって来る子どもはぐんと増えました。奇蹟が起きたような感じです。

図書委員会で「ポストを置いて、絵や感想などを入れてもらおう」という案が六年生委員から出されました。案が認められて、感想文を入れる箱と、自分が描いた絵を入れる箱を目立つところに置きました。それからというもの、提案した六年生の委員は、それまでとは違って一日に何度も図書室へ来るようになったのです。ポストをのぞきに来るのです。二・三枚入っていると、早速ニュースづくりが始まります。ニュースが出ると、子どもたちが来て描いた絵を入れます。ニュースづくりを巡って、私と委員との相談や話し合いの機会も多くなってゆきました。年度の終わりには「子ども版ニュース」は二二号にもなりました。自分の考えが認められ「ニュース」を発行するごとに、面白さや手ごたえを感じて、いつのまにか委員会活動が楽しくなってきたようです。発行する委員も、読み手の子どもたちも双方向から楽しめるものになってきたのです。子どもの発想は、時に大きな力を発揮し、周りに大きな影響を与えてゆきます。

三、子どもは本が大好き

①　お母さんの悩み

お母さんの相談

図書室で仕事をしていると、「家の子はゲームにはまっていて、ちっとも本を読まない」「本はたくさん買って本棚に並んでいるのに、読まない」「テレビやまんがばっかりで、いつになったら本を読んでくれるだろうか」などと嘆くお母さんも多いのです。そんな時は「どうして本を読んで欲しいのか、一緒に考えてみましょう」と言います。「ゲームばかりで、視力が落ちる」「勉強する時間がない」「息子が分からなくなってきた」など、様々な心配事を話してくれますが、一番多いのは《学力の不安》です。「本を読まないとバカになってしまうと、つい息子に言ってしまいました」というお母さんもいます。「本を読んでくれるようになって欲しい。読めば、勉強好きになり勉強が出来るようになるのではないか」という期待もあります。お母さんが熱心であればあるほど、子どもは、《本を読むという勉強》を求められるようになりがちです。こうなると、子どもは、ますます本から遠ざかっていくか、ただ本と向き合って済ませておくかになってしまいます。そんな時、大事なことは「立ち止まって、よく考えてみる」ことだと思うのです。

特効薬ではないけれど

さて、お母さんの悩みに対して、どんなアドバイスが出来るでしょうか。まず、子どもが、これまで、どのように本と接してきたのか、どんな読書歴があるのかを振返ってみるように私は勧めています。子どもの読書歴は実にケース・バイ・ケースで、「この本、面白かった」という体験がない場合は、面白い本を示してもほとんど本の世界の喜びを知ることは出来ないと思いますし、逆効果でさえあるようです。

大切な点は、《豊かな生活体験をくぐりぬける》ということです。本を直接読むことではなくて、子どもの生活体験を豊かにしていくこと。これは、読書に接近する特効薬ではありませんし、本好きになる近道でもありませんが、間違いなく本好きになる下地を作ってくれます。近くの林で虫取りに夢中になった体験があれば、昆虫図鑑に手を伸ばすでしょうし、いつかファーブル『昆虫記』に目をとめるでしょう。自然や実生活の中のドキドキした体験ほどリアルなものはありませんし、これこそが、本を求め、本を楽しむ土台となります。このことを家庭でも、もっと積極的に考えていきたいものです。「やはり『昆虫記』は名作の一つですから、読んでおきましょう」でも良いのかも知れませんが、これは大人の物差しで、子どもの物差しから見るとどうでしょうか。

《豊かな生活体験をくぐりぬける》と言いましたが、これは短時間で出来ることではなく、言ってみれば《子どもを育てる》ことを、別な言い方で表しているとも言えます。あせらずに楽しみながら培っていくことが大切だと思います。

アドバイスを求める

次に大切なことは、子どもにとって感動的で魅力的な本を選んで与えていくことです。もちろん、子どもの生活や好みを考えての上でですが……。そんな余裕がないという場合は、担任や公共図書館の司書、子どもの本などをたくさん置いてある専門店の相談員、地域の読書会に出ている人などに、知恵を借りることを勧めます。アドバイスを受ける中で、前に述べた《生活体験》をさらに豊かにするヒントを得ることも少なくありません。わが子のことで始めたはずが、いつの間にか、お母さん自身の生活のネットワークを広げていく場合もあって、それはそれで嬉しい副産物になります。出版物に接して、内容や難易度、原作との違いや訳の違い、特に優れた作品を知っている人のアドバイスは貴重です。私の図書室でも、子どもの本を専門に扱っている出版社の方や相談員の方に、積極的にアドバイスを求めて、選書・購入を進めてきました。

「書き出し」を読んでみる

次は、実際に店頭で、選択に迷った場合のポイントです。本の最初の最初、本文冒頭の《書き出し》部分を読んでみます。作者が、時には何年もかけて構想した内容の、まさに第一歩の意気込みが込められている、もっとも肝心なところです。ここに子どもたちの心を引き込む魅力があるかどうかが、大切なポイントです。途中から断然面白くなる、という本もあるにはありますが、書き出しに魅力を感じないなら、その本とは縁がなかったのでしょう。

第一章で触れた落語の取り組みで、「これは、かなり難しいかな」と思われる本でも、多くの子どもたちは落語家の著書を選びました。落語家以外の方が書いた本もたくさん書架に並んでいてもです。そのわけは、子どもたちも書き出しから、その落語家の勢いと魅力を感じ取れるからでしょう。その本の書き出しが、お母さんを惹き付けるかどうか、そして子どもの心をぎゅっと摑めるかどうか、を見極めたいのです。

絵本では絵を、物語ではカットを、じっくりあるいはパラパラとめくって眺めるような感じで確かめるのもいいと思います。直感的にピンと響いてくるものもあるからです。

絵本の面白さを子どもと分かち合う

私は図書室の仕事に携わるようになって多くの絵本と出会い、その魅力にとりつかれています。絵本は楽しく、無条件に面白い。この楽しさを子どもたちと分かち合えたら、「もっと図書室の仕事も、楽しく充実してくるのではないか」と考えるようになりました。子どもは、遊んだり、出かけたり、珍しいものを食べたり、怖い目に遭ったり、毎日毎日、新しい世界に接しているのですが、本を読むことによっても、知る喜びを知ったり、別の世界を体験出来ます。新しい世界への扉はいくつも身近にあるのですが、しかしこの扉は、お説教ではなかなか開くものではないようです。

② 子どもは本が大好き

読まない＝知らない

本来、子どもは本が好きだ、と私は思います。中には「家ではほとんど本を読まない」、「地域の図書館や学校の図書室も利用しない」という子どももいます。周りにたくさん本があるのに手を伸ばさないのは、本の醍醐味をまだ知らないからです。「子どもが、まだ知らないことは多い」のは当然で、不思議なことではありません。読書についても同じです。まだ本の楽しさを知らないのです。だから、その醍醐味に気が付くようなチャンスやきっかけを、家庭でも図書室でも、少しでも作っていきたいものです。

「次の本」をすすめる

読む楽しみを知っている子には、次の本への橋渡しをします。

休み時間になると図書室のあちこちで本を読んだり紙芝居をしたりする姿がありま
す。この子どもたちは本の面白さを知っています。時にはチャイムがなっても気が付かず読んでいて声をかけられてあわてて教室へもどる場合もあります。黙っていてもやって来ては、新刊本をいち早く手にとって読んでいる子どもたちです。

図書室では、二つの働きかけをしてきました。

一つは、誰かが夢中になっている本は、積極的に他の子に紹介したり宣伝したりすることです。夢中になっているなら心を奪う魅力があるのです。それを探って、図書委員会で発行しているニュースに載せます。二つ目は、読んでいるその子に、同じ作家の本をいくつか紹介して、読書に勢いや幅を持たせるようにすることです。岡田淳『二分間の冒険』（偕成社）を読んだ六年生には『こそあどの森シリーズ　一～六巻』（理論社）をすすめたりします。宗田理『ぼくらの七日間戦争』（角川文庫）を六年生の女の子が読み終えたので、『ぼくらの大冒険』『ぼくらの大脱走』などをすすめると、同じ作家の十一冊ほどを夢中で読んで「面白かったァ！」と伝えてくれました。

図鑑の中の誤りに気が付いた六年生

弘人君は乗り物関係の本をよく読んでいます。二学期に乗り物図鑑を見ていてある間違いに気が付いたようです。「私は乗り物に詳しくないので違っているかどうか分からないなあ。もう一度よく調べてみるようにしようよ」と無責任なやりとりをしてしまいました。「違ってると思う」とその日のうちにまたやって来ました。そこで二人で相談して出版社に直接たずねることにしました。手紙の内容は次の通りです。

「ぼくは六年生です。学校の図書室で読んでいたところ知っていることとちがうことが書いてあったので質問します。図鑑四の〈どうしたらとべるか？〉の中に書いてある戦闘機はＦ―１０４ＪではなくＦ４ではないでしょうか？　ぼくはそう思いますが」

この手紙に私の文を添えて十月に出しましたら、その答えが卒業真近になって返ってきました。「返事が遅れてしまいまことに申し訳ありません。同封の手紙をお子さんにお渡し下さい」と書いてありました。弘人君に返事の内容をたずねると「ぼくの思ったとおりだった。手紙出してよかった」とさわやかな表情でした。思い切ってたずね、出版社がきちんと対応してくれたことが何よりの卒業プレゼントになりました。

読書の時間のペープサート

読書歴の浅い子や楽しみの世界を知らない子の場合は、出来るだけ子どもの立場に立って、どんなことに興味があるか、どんな面白さ・どんな楽しみを欲しているのかを探るように心がけます。これは、小学校司書のもっとも大切な仕事の一つと言えるでしょう。

一・二年生の読書の時間は、特別のことがない限り週一時間です。この一時間に三冊読んだり、二冊と紙芝居一つか二つにしたり、残った時間は貸し出し・返却にあてます。ある日、『花さき山』（岩波書店）『時計づくりのジョニー』（こぐま社）と、届いたばかりの月刊『かがくのとも』（福音館）の紹介などをしたのですが、数人の子どもがちっとも乗ってきません。隣の子に話しかけたり遊び出したり……。こんな状況がもう一ヶ月ほど続いており気になっていたのです。読み聞かせが終わり貸し出し返却のためにカウンターに移ってふと気が付くと、さっきまでふらふらしていた子どもたちが腹ばいになって、一冊の絵本を楽しそうに読んでいるではありませんか。実に楽しそうなのです。貸出し・返却の仕事を終えてしばらく様子を見ていたのですが、終わりの時間が近づいたので「その本、面白い?」と声をかけると「おもしろーい」と声が一斉に返ってきました。

次の日の休み時間にも来て、同じ本を見ています。『ニコラスグリーブのゆうれい』(BL書店)という絵本でした。あまり面白そうに見ていたので「どんなところが面白いの?」と聞いたら、「骨がいろんなところに旅をするところが面白いよ」ということでした。新刊で届いた時、さらっと読んで本棚に並べていた絵本です。読み聞かせの候補にも入っていませんでした。どちらかというとページをめくりながら絵を楽しんでいるようです。

そこで「私も仲間に入れて」と言って仲間に入り、「この先読もうか」と言ったら「読んで、読んで」ということで読み始めました。楽しんでいる様子が私の身体に伝わってきます。読み終わってから、一つの提案をしました。「来週の読書の時間に、この面白かった絵本をみんなの前で読んで、紹介してみない?」と。ちょうどその頃、子どもたちのおすすめ本を私が読んだり、読みたい子はその子自身が読むというスタイルも取り入れていたので「やってみる」という返事がすぐに返ってきました。読むことになった四人の子と相談して、ポイントになる幽霊の言葉をペープサートにして、それぞれ読むところを決め、早速練習です。たどたどしい子もいますが、どの子も結構ノッテやっています。次の週はこの四人が読みました。クラスの友達の読み聞かせですから、みんなしっかり耳を傾けていました。

子どもたちに「怖いお話の本、ないですか」と、よく聞かれますが、この絵本は魔物や幽霊にまつわる本であると書いてあります。カットがまたそれを際立たせていて、扉のページから読み手の心を惹きつけています。というわけで、この子どもたちのその時の欲求にぴったりの一冊だったと思われます。(二年後、この中の一人は図書委員としてクラスで選ばれ、よく図書室に来るようになりました。図書委員としてのおすすめ本は『星の王子さま』でした。)

好きな本のジャンルも、読書体験を重ねるごとに移ってゆきます。図書室にいると、このように子どもたちはいろいろな姿を見せてくれ、いろいろなことを教えてくれます。

四、読み聞かせの時間

① 準備

一年生を迎える

読み聞かせの時間は、一・二年生は週一回、三年生以上は学期に一・二度ほどです。初めて一年生が図書室に来た時には、歓迎のための小道具なども用意しておき、それから絵本を一冊読んだ後で、簡単なオリエンテーションをします。

小さな手づくりのランドセルを、五cm×四cmの画用紙で作り、中に連絡帳、ファイル、ノート、『はるのはな』という詩集、鉛筆と消しゴム入りの筆箱、下敷きなどを入れ、そのランドセルを手づくりのウサギに背負わせて、箱にひそませておきます。小道具というのはこの小箱です。この箱を開けて、ウサギを登場させて、「みんな待っていたんだよ。みんなのランドセルには何が入っているかな。ぼくのランドセルと同じか比べっこしよう」などと言いながら、話を進めていきます。

ウサギは小さいので、私の手を全員がよく見てくれます。何だか楽しそうだな、面白い本もいっぱいありそうだな、という印象を与えて、来週につなげます。この小道具は訪れた卒業生があっという間に作ってくれたもの。「こういうものがあったら子どもたちはきっと楽しいだろうな」と思って作ってくれたのでしょう。これは五年間、毎年一年生の図書室開きに使っていて、私の宝物になっています。「図書室の楽しさをいろいろ想像しながら、話を聞く」ということが、最初の時間では特に大切なことだと考えています。

用意する

クラスには、よく本を読む子から、ほとんど読まない子まで、様々の読書歴の子がいますから、全員の前で読む時には、こんな点や季節や行事なども考えて四・五冊を選んでおきます。例えば、運動会が近づいている時には、宮川ひろ作『運動会をはじめます』を候補に入れておくなど。子どもたちのその時間の様子を見て、三冊ほどを読むようにしています。紙芝居と組み合わせることもあります。

絵本を見ると、よく「年長向け」とか「小学校低学年向け」とか書いてありますが、これには余りこだわりません。「小さい子向けの絵本」でも、初めて面白さを味わったなら、一・二年生でも笑いが声になるほどで、充分楽しめます。思い切って、読書歴の浅い子どもに合わせてもいい場合が少なくないのです。こういう子どもたちにとって、学校での読み聞かせは、本に近づく良い機会だと考えています。

お気に入りの一冊を

読む時には、自分が気に入っている本も選びます。自分が気に入っている本は、どれも喜んで聞いてくれるから不思議です。例えば、西村繁男作『おふろやさん』(福音館)などもその一つです。これは林間学校が近づいた一学期の終わりぐらいに読みます。文のない絵だけの作品ですが、文は絵を見ながら子どもたちと作っていきます。つまり《子ども参加型》の一冊でしょう。子どもたちがお風呂ですっかり楽しくなり、水かけごっこをしているページがあって、次のページをめくると、堪忍袋の緒がきれたお爺ちゃんが拳を挙げて怒っている絵があります。前ページにはその前触れを表している困り果てたお爺ちゃんの顔もちゃんと描かれているのです。こういう細かい部分も子どもたちは見逃しません。子どもたちの様子を見ながらですが、問答形式の読み聞かせにすると、子どもたちに退屈する暇はありません。裏表紙に「四歳から大人まで」とありますが、一年生には喜ばれている一冊です。

さのようこ作・絵『だってだってのおばあさん』（フレーベル館）や、宮川ひろ作『誕生会のプレゼント』（新日本出版社）、山下明生作『みんなでそらをとびました』（ポプラ社）、ヘルガ＝ガルラー作『まっくろねりの』（偕成社）、大川悦生文『三ねんねたろう』（ポプラ社）なども大きな反応が返ってくる作品です。

読みたいけれど読み聞かせにしては長すぎる場合には、動機づけの意味で《ブック・トーク》で紹介します。登場人物などを出来るだけ魅力的に紹介し、あらすじはごく簡単に留めて後のお楽しみとします。

感想文は考えもの

毎日図書室に来る二年生の子が「本は大好きです。今読んでいる本は『バレエをおどりたかった馬』です」と、紙にメモして置いてゆきました。この子に「その本の感想文を書いて来て」とは言いません。言えば負担になって、これまでのように図書室に頻繁に来なくなることも考えられるからです。読書感想文は、自分から書いて持ってきた時に、私の気づいたことなどに触れたり、「図書室からの手紙」に載せたりして対応します。負担になる感想文は、子どもたちを本や図書室から遠ざけるようです。学校をあげて読書感想文に取り組む場合はまた別ですが……。

② 子どものおすすめ本を読み聞かせる

その一、デイビット・マッキー文・絵『るすばんをしたオルリック』(アリス館)の場合

二年生の女の子が「これ、とっても面白かった」と見せてくれた絵本。まだ読み聞かせをしたことはなかったが、確かに面白い。はらはらどきどきの典型とも思える一冊です。「これ一・二年生に読んであげてもいいかなあ」「いいよ」というやりとりがあって、早速読み聞かせた。子どもたちの感想は、

○オルリックのあたまが、なべにおっこちたところが面白かった。

○ビールのあわが、床いっぱいになったところ。
○牛が屋根の上で草を食べたところ。
○おくさんがロープを切ったらオルリックがさかさに鍋の中に落っこちて行ったところ。

と次々に面白談義が始まり止らなくなりました。子どもたちが選んだものを読むのも、また楽しいものです。この時の「図書室からの手紙」で、「本は子どもと子どもをつなぐ魔法の糸のように思えてきた」と書きました。

その二、二年一組から二年二組へ

ウイリアム・スタイグ作『いやだいやだのスピンキー』（セーラー出版）
これは二年一組の女の子から、隣のクラスへのおすすめの一冊です。《ピエロがとびはねて「スピンだいすき！」と大きく書いたところも面白いし、ポケットの中から三色アイスクリームを取り出すところも面白いです》……という推薦の言葉です。
《家のひとたちときたらスピンキーのことを、だれひとりわかってくれないのです。お母さんでさえも――》ねえさん・にいさん・おとうさん・おかあさん・ともだち・おばあさん、みんなが声をかけても、スピンキーはますます心をとざします。ある日ピエロが来て話しかけ、思わず笑ってしまいました。でもむこうでにやにやしているお父さんに気が付き、ぼくのご機嫌をとるためにやったんだと思い、またむくれてしまいます。さて、どうやって仲直りしたらいいものか。考えたスピンキーは、いいことを思い付きました。それは皆を驚かしてやることでした。

ここまで読んで「さて、スピンキーはどんなことを思いついたのでしょうか」とたずねました。

○びっくりさせてから、今までと違って、優しくする。
○家出をする。
○ホースを使って水をまく。
○しのび足で家の中に入る。
○あっ、料理を作ったんだ！

子どもたちそれぞれに予想させ、次へ読み進めます。予想の通り「ごちそう作り」でした。途中でその後の展開などを予想させる方法を使いますが、楽しいもののようです。

その三、一組の子から二組のみんなへ

ポール・ボロフスキー作『ジョージのがっこう』（佑学社）

「ジョージがしゃべったところが楽しかった」とおすすめの弁。《ピーターとジョージは、大の仲良し。二人は毎日いっしょに勉強しました。ジョージというのは、犬の名前です。学校が終わると、ジョージはきまって動物園の仲間をたずねました。そんなある日、じいちゃんが象にえさを持っていくと、「やれやれ、またわらのえさですか」としゃべった。「こいつしゃべりおった！　ぞうがしゃべったぞ！　でもそんなばかな」と驚く。（どうぶつたちにぼくのしってることを、ぜんぶおしえてしまってから、たびにでたいんだ。いろんなところでいろんなべんきょうしたいんだ）と思ったジョージは、「かならずかえってくるから、てがみをかくから」といって、ちいさなにもつをもってたびだっていきました。》

絵本では、「ピーターとじいちゃんへ」という封筒の宛名だけが載っていますが、この先には触れていません。封筒の手紙には何が書いてあったのかを考えてみたり、ジョージになったつもりで手紙の文を書いてみたりしました。描かれていないところがふくらむような取り上げ方をしました。文にするところは強制ではありません。

その四、三年生から一年生へ

マーガレット・ブロイ・グレアム作『ヘレン、ようこそどうぶつえんへ』（キッズメイト）

ヘレンというのは、クモ（蜘蛛）の名前。ペットを飼ってはいけないアパートに引っ越すことになった主人公のぼく。「ヘレンの世話をおねがいします」と書いた手紙と、マッチ箱に入ったクモを動物園の門の前においたところからドラマがはじまります。おりの中はハエだらけ。ヘレンは、クモの巣を作り、かかったハエをあっという間に食べてしまう。おかげで動物たちは暮らしやすくなる。ところが市長さんの視察でクモの巣をとりはらうことになったので、それからというもの、動物たちはすっかり元気をなくしてしまいます。しかし、みんなは、ハエを食べているクモがみんなの役にたっているんだということに気づきます。

動物園という舞台を借りて、いろいろな社会の問題を分かりやすく話は進められてゆきますが、たとえ今すぐに分からなくても（ああ、あの本に書いてあったことはこういうことだったのか）と、後で分かっても良いのでしょう。社会を考える目が本の奥でキラリと光っている一冊です。

子どもたちは「ぞうがハエだらけのところにびっくりした。檻の中で安心して居眠りしているところ。ハエを食べ続けていたらライオンの顔がいい顔になった。クモの巣の作り方が面白かった」などと話し合っていました。

クラスから他のクラスに本をすすめるこの方法は、その後、二年二組の子から二年一組の子たちへ「佐野洋子絵・岩瀬成子作『わたしねこ』（理論社）」というふうに、とぎれず続いていきました。子どもたちには、自分のおすすめ本が読まれていくのも楽しかったようです。

③ 私の読み聞かせ

二年生が動物園に出かける前に

中川志郎監修、わしおとしこ構成・文『どうぶつのおっぱい』（アリス館）は、二年生が動物園に出かける前に読みます。きりん・ぶた・とら・うしなど、いくつか答えを隠して予想し合って読んだら、とても活気が出てきました。視点を身近な「おっぱい」にしぼって考えます。単純ですが科学の目が育つきっかけにもなりそうです。

結構難しく、日頃のちびっこ動物博士もお手上げのものもあります。

おっぱいの数…きりん（四個）　ぶた（一四）　とら（四）　うし（四）　さる（二）　ぞう（二）　かば（二）　ひぐま（六）　ぱんだ（四）　テンレック＝もぐらの仲間（二四）　あらいぐま（八）　パカラナ（四）　デマレルーセットオオコウモリ（二）　コアラ（二）　アカカンガルー（四）　やくしか（四）　らっこ（二、毛の中にかくれている）　しゃち（二、くじらの仲間。ひだの中にかくれている）　カリフォルニアアシカ（四、おなかにかくれている。つつくとでてくる）　かものはし（なし）　はりもぐら（なし）　とり（なし）

詩を思う存分、声に出して楽しむ　一・二・三年生

けんかならこい　わるくちうた　おならうた　かぞえうた　あきかんうた

これは、谷川俊太郎『わらべうた』（集英社）の初めの方に登場する詩ですが、模造紙に書いて何度か声に出しているうちに、いつの間にか覚えてしまいます。「けんかならこい」や「わるくちうた」なら掛け合いにしてもいいし、「おならうた」なら最後の〈ぶ・ぼ〉などを、初めは隠しておいて〈音あて〉をするのも楽しい。

これらをたっぷり楽しんだ後に、「谷川俊太郎さん自身は、どんなふうに声に出しているのか聞いてみましょう」と言って、ビデオで聞いてみます。作品収録のテープもありますが、テレビ番組『詩のボクシング』の「谷川俊太郎対ねじめ正一」のビデオテープを使いました。学年ごとに少しずつ変化を持たせてやると効果的です。子どもたちは身を乗り出してしっかり聞いてくれます。

おならうた

いもくって　ぶ　　おふろで　ぽ
くりくって　ぼ　　こっそり　す
すかして　へ　　あわてて　ぷ
ごめんよ　ば　　ふたりで　ぴょ

《あとがき》で著者は「この本に集められたわらべうたは、詩のかたちをしているけれど、学校でならう詩とはちょっとちがう。かんたんにいうとこれらは、ふしのついたことばだ。いんさつされて本のページにならべられているところはおんなじだけど、ぼくとしては、だまって頭の中で読むんじゃなく、ふしをつけて口に出し、耳で聞き、からだを動かして遊んでほしいのさ、友達と。」と書いています。実際にやってみると、子どもたちなりの節回しがまた楽しく、自然に身体が動いてくるようです。

毎週の読み聞かせの中に、ポンとこういう詩が入ると変化があっていいものです。

五・六年生とともに考える

司馬遼太郎『二十一世紀に生きる君たちへ』（世界文化社）、二編が収録されていますが、「二十一世紀に生きる君たちへ」は六年生の、「洪庵のたいまつ」は五年生の国語教科書（ともに大阪書籍、一九八九年）に掲載された作品です。

『二十一世紀を生きる君たちへ』で著者は次のように呼びかけています。

自然物としての人間は、決して孤立して生きられず社会を作って生きていること。社会とは支え合う仕組みのことであり、この助け合いの気持ちや行動の元の元には「いたわり、他人の痛みを感じること、やさしさ」などの感情があること。

この感情を君たちは育ててほしいこと。また、二十一世紀は科学技術がさらに発達してゆくだろうが、しっかりとした自己を確立して君たちが科学と技術を支配し、よい方向に持っていってほしいこと。この本が出版された二〇〇一年、卒業していく六年生と一緒に読みました。

「自然と人間のかかわり」「自己の確立」など容易ではない語句も多いので、家でも読めるようにプリントにして配りました。次の世代をになう子どもたちに寄せる著者の深い思いが伝わってきます。

「洪庵のたいまつ」は、幕末の蘭学者でもあった緒方洪庵（一八一〇～六三）が郷土の大阪に開いた適塾で多くの人々を育てていったようすを描いています。

この塾には入学試験もなく、いっさいが平等で、侍の子も農民の子、町医者の子も一緒に学び、「学問をする」というただ一つの目的で結ばれていた素晴らしい学校だったと言います。

塾の訓戒の第一に「医者がこの世にあるのは人のためであって、自分のためではない。決して名利を追ってはならない。自分を捨て、人を救うことだけを考えよ」と書いたという。洪庵がたいまつの火を弟子たちに移し続け、福沢諭吉など弟子たちの火は多くの分野であかあかと輝き、その火の群れが日本の近代を照らす明かりになった、と著者は述べています。子どもたちは、これから多くの困難に立ち向かって生きていかなくてはなりませんが、二一世紀という時代の中で生きていく子どもたちへ著者のメッセージは貴重です。魅力的な写真が大きく割り付けられ、美しい一冊になっています。

五、休み時間の図書室

いつもの休み時間は、本の貸出し・返却や、子どもたちが自由に本を読んだり調べたりする時間ですが、年度によっては、子どもたちが小さな劇を作って発表したり、落語の練習をしたりもします。

一九九九年度から二〇〇〇年度の二年間は、「手づくり劇・ミニ表現会」の練習と発表が活発でした。きっかけは、二年生の女の子三人が、図書室の隅っこで「ごっこ遊び」ふうの動きをしばしばやっていたことでした。聞くと「わたしたち、トカゲとカメレオンの劇をやっているの。ここで手品をやっていた人たちいたでしょう。私たちも何かやりたいなあと思って、やることにしたの」と言います。そう言えば、休み時間に手品をやっていたグループがいたっけ。結構楽しそうに十人位の子どもたちの前でやっていました。画用紙に「手品をやるから見にきて下さい」と書いて掲示版に貼ってもありました。

この劇のタイトルは図書室で見た「とかげの絵本」にヒントを得たそうです。「お話の初めがどんなふうに始まり、どんな出来事があって、最後はどうなるか考えて、簡単にメモしてやってみたらどうかな」……こんな働きかけをして、劇作りが本格的に始まりました。働きかけはしましたが、脚本づくりにはほとんど口を出しません。見ているとどんどん意欲が湧き出ているようです。

初めは隅っこでやっていたのですが、一作仕上がると「広いところ使わせて」と言って来ます。そのうちに、大きな机の下を上手《かみて》に、もう一方の机の方を下手《しもて》にして、ミニ舞台を作り、練習が始まりました。五作目からは、かえるの目玉の小道具や、音楽の先生から借りて来た楽器も登場して、盛り上がってきました。一緒に楽しんだのに、これらの七作品の脚本をもらいそこねたのが残念ですが、六作目

『かえるどじょうだい』の上演を終わってすぐの感想文から、その様子を想像して下さい。

「図書室にきたらもう人がいっぱいあつまっていた!! じゅんびしているとどんどんあつまってきた。先生たちも見にきてくれた。図書室の中が人でいっぱいだった。

やっているときみんなの笑い声がきこえた。きんちょうしていたのがなくなった。これからもつづけたいと思います。また見にきてほしいです。かえるどじきょうだいをやってよかったです。みんなに笑ってもらって、みんなにきてもらってよかったです。あずさ・まなき・さやか」

さらに、一年たってからの感想……《トカゲとカメレオンは、図書室で手品をやっている人がいて、何か自分たちもできないかなって始めたげきでした。わたしは、ナレーターみたいなことをしていました。さいしょはお客さんも少なかったし場所もせまいところでやってたけど、だんだんお客さんもふえてきて、場所も広くして、とっても大きなげきになった気がします。楽しくていいげきだったと思います》二年生から三年生までに「トカゲとカメレオン」という劇を図書室でやってきました。私たちは人の前でおどったり、劇をすることが大好きで、はずかしいなんて思わずにどうどうと劇をしていました。まだ始まっていないのに、おおぜいの人が集まっていました。その時のうれしさはいまも忘れません。始まるとお客さんがいろんなところで笑って、私たちの劇をみていてくれました。うれしくて、きゃく本にない言葉までバンバン出てきてしまいました。劇が終わるとみんなが「えー、もう終わり」と言ってくれて私はこういいました。「うーうんまだまだ続くよ！　今日じゃなくても、すぐやるから」と答えると、「うんわかった、楽しみにしてるね」と言って帰っていきました。わたしは、そういうふうにして楽しみにしてくれている人がいるならできるだけ早く作ろうと言って、その日からもう新しい劇を考えました。

三年生になって観客を意識するようになったようです。一つ終わってまたすぐに続編を考える。この子たちもまた勢いに歯止めが利かないぐらい夢中になっていたと思います。自分達で選んだものだったからでしょう。

六、少人数制の読み聞かせの試み

《読み聞かせ》の最初の型は、例えば母親が炉辺で聞かせてくれる昔話のように、お互いの理解や息づかいを共有しながら「話し・聞く」ものであったろうと思います。母親なら、聞いている子の感性や理解力に応じて、とっさに言葉を選びながら、あるいは筋さえ再構成しながら、話を進めてゆくことが出来るでしょう。《読み聞かせ》は「話し手と聞き手の間に、目に見えない多くの交流が土台にあって、成立している」と思います。これに対して、学校・教室という場では、担任の前でクラス全員が聞くという形が普通ですから、聞き手が二〜三十人になるのが当然で、一人ひとりの感性や興味・理解力に即したものとはなりにくい面を完全に拭い去ることは出来ません。クラス単位の《読み聞かせ》も大切ですが、例えば母親の膝に寄り添ってお話を聞く姿に近い《ごくごく少人数の子どもを対象にした読み聞かせ》が出来ないか、と以前

トカゲと カメレオン

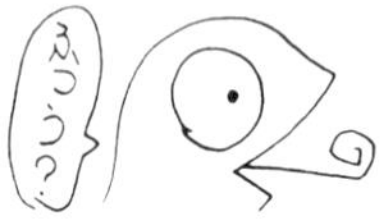

今どこに?

カメレオンは....?

住んでいる所…○○の木

年…11才

好きな食べ物…コオロギ

しゅみ…あばれて、笑って、とにかくはしゃぐ

☆ひとこと☆

よっ!みんなーひさしぶりーん♡

というかぜんぜん会ってないね♪

僕、まだお母さんと住んでるんだぜ!!人間でいうとふつうか…。まー、僕は元気ミラクルだよ

みんなもかぜひくなよー。じゃなー…。

住んでる所…ふめい

年…11才

好きな食べ物…いもむし

しゅみ…カメレオンと歌うこと

☆ひとこと☆

へろ〜ん。僕…ふとっちゃった?なんか前の他がハンサム?まーいいや!?みんなに会えなくてさびしいよ。0。今度会おうなー。

から考えていました。

図書室でなら出来そうだと、他の先生方の了承と協力を得て、二〇〇一年度から《少人数制の読み聞かせ》の方法を試みました。

読み聞かせをしてくれる先生を一ヶ月ぐらい前から募り、何日のどの休み時間にやってもらえるかを決めます。子どもたちには、一週間ぐらい前までに、予定表（いつ、どの先生のお話があるか）を示しておきます。当日、子どもたちは図書室に来て、お目当ての先生のところに行って読んでもらいます。つまり図書室のあちこちで、先生一人に子ども一人、あるいは先生一人に二人の聞き手、一人の先生を囲む五人の輪などが出来、《少人数制の読み聞かせ》を行うことが出来ます。

二〇〇一年度は二回、翌年度は一回、計三回実施出来ました。毎回、三〜十人の先生や事務室の方などの協力・参加によるものです。

いつもとは違ってより親しみのもてる形の《読み聞かせ》ですし、子どもによっては、普段接することが少ない先生にお話をしてもらえるのですから、期待も大きかったのでしょう。昼休みになるとすぐ走って来て、待っている子もいました。使われた本は、先生が選んだものと、子どもが選んで持って来たものが半々ぐらいでした。どのお話も、授業ではないのですから、子どもたちは緊張することもなく、お話に聞き入っています。先生と一緒に床の絨緞にペタリと座り込んで、先生の広げた絵本のページを覗き込みながら聞いている子もいます。図書室の数ヶ所で、小さな声の《読み聞かせ》が静かに進んでゆきました。《少人数制の読み聞かせ》は、先生や事務の方とまさに膝を接して進められるので、クラス単位のものとはまた違う良さがあり、子どもたちも大いに満足したようです。

参考文献　読み聞かせやブック・トークに登場した本（五十音順）

一　あおくんときいろちゃん　作＝レオ・レオーニ　（至光社）
二　あかいくつ（アンデルセン）　文＝かんざわとしこ、絵＝いわさきちひろ　（偕成社）
三　赤い目のドラゴン　作＝リンドグレーン、絵＝ヴィークランド　（岩波書店）
四　赤毛のアン　全十一巻　作＝L．M．モンゴメリー　（講談社）
五　赤ずきん　作＝グリム、絵＝B．ワッツ　（岩崎書店）
六　あげは　作＝得田　之久　（福音館）
七　あのときすきになったよ　作＝薫　くみ子　（教育画劇）
八　あのねわたしのたからものはね　作＝ユードリー、絵＝ミル　（偕成社）
九　あふりかのたいこ　作＝瀬田　貞二　（福音館）
十　アボガドあかちゃん　作＝ジョン・バーニンガム　（ほるぷ出版）
十一　アラジンと魔法のランプ　再話＝アンドルー・ラング　（ほるぷ出版）
十二　ありがとう、フォルカーせんせい　作・絵＝パトリシア・ポラッコ　（岩崎書店）
十三　アレクサンダとぜんまいねずみ　作＝レオ・レオーニ　（至光社）
十四　アンガスとあひる　作＝マージョリー・フラック　（福音館）
十五　アンガスとねこ　作＝マージョリー・フラック　（福音館）
十六　いたずらあまんじゃく　作＝やまなかひさし　（偕成社）

十七　1・2・3　ワン　ツー　スリー　作＝中川ひろたか、絵＝和田　誠　（クレヨンハウス）
十八　いどにおちたぞうさん　作＝マリー・ホール・エッツ　（冨山房）
十九　いもむしのうんち　監修＝林　長閑　（アリス館）
二十　うしかたとやまんば　再話＝おざわとしお、絵＝赤羽　末吉　（福音館）
二一　運動会をはじめます　作＝宮川　ひろ　（新日本出版社）
二二　絵で見るある町の歴史　作＝スティーブ・ヌーン　（さ・え・ら書房）
二三　エルマーと一六ぴきのりゅう　作＝ルース・スタイルス・ガネット　（福音館）
二四　エルマーとりゅう　作＝ルース・スタイルス・ガネット　（福音館）
二五　エルマーのぼうけん　作＝ルース・スタイルス・ガネット　（福音館）
二六　王さまと九人のきょうだい（中国民話）君島　久子訳　（岩波書店）
二七　おおかみと七ひきのこやぎ（グリム童話）作＝フェリクス・ホフマン　（福音館）
二八　王さまの耳はロバの耳　作＝山室　静　（フレーベル館）
二九　おこりじぞう　作＝山口　勇子　（新日本出版社）
三十　おさるのジョージ　作＝H．A．レイ　（岩波書店）
三一　おしいれのぼうけん　作＝ふるた　たるひ　（童心社）
三二　おだんごぱん（ロシア民話）訳＝瀬田　貞二　（福音館）

三三　おならばんざい　作＝福田　岩緒　（ポプラ社）
三四　おにたのぼうし　作＝あまんきみこ　（ポプラ社）
三五　おにのあかべえ　作＝寺村　輝夫　（ポプラ社）
三六　おばかさんのペチューニア　作＝ロジャー・デュボアサン　（佑学社）
三七　おもちひとつでだんまりくらべ　作＝大川　悦生　（ポプラ社）
三八　おんちょろきょう　作＝木暮　正夫　（ほるぷ出版）
三九　かあさんになったあーちゃん　作＝ねじめ正一　（偕成社）
四十　かいじゅうたちのいるところ　作＝モーリス・センダック　（冨山房）
四一　かえるのごほうび　作＝木島　始　（福音館）
四二　かさどろぼう　作＝シビル・ウエタシン　（セーラー出版）
四三　かたあしだちょうのエルフ　作・絵＝　おのきがく　（ポプラ社）
四四　かちかちやま　作＝松谷　みよ子　（ポプラ社）
四五　がちょうのペチューニア　作＝ロジャー・デュボアサン　（佑学社）
四六　かにむかし　作＝木下　順二　（岩波書店）
四七　かもさんおとおり　作絵＝ロバート・マックロスキー　（福音館）
四八　からすのパンやさん　作＝かこさとし　（偕成社）
四九　カングル・ワングルのぼうし　作＝E．リア、絵＝H．オクセンバリー　（ほるぷ

出版）
五十　きつね森の山男　作＝馬場のぼる　（こぐま社）
五一　きゃべつくんとぶたやまさん　作＝長　新太　（文研出版）
五二　きんいろのしか　バングラディッシュの昔話　再話＝石井　桃子　（福音館）
五三　くもの糸　作＝芥川　龍之介　（講談社）
五四　クリスマスのペチューニア　作＝ロジャー・デユボアサン　（佑学社）
五五　グリックの冒険　作＝斎藤　惇夫、絵＝薮内　正幸　（岩波書店）
五六　ぐりとぐら　作＝なかがわりえこ・おおむらゆりこ　（福音館）
五七　くんちゃんのはじめてのがっこう　作＝ドロシーマリノ　（ペンギン社）
五八　こぎつねコンとこだぬきポン　作＝松野　正子　（童心社）
五九　金剛山のとらたいじ　朝鮮の昔話　（太平出版）
六十　さるのせんせいとへびのかんごふさん　作＝穂高　順也　（ビリケン出版）
六一　さんねん峠　作＝李錦玉　（岩崎書店）
六二　三ねんねたろう　文＝大川　悦生　（ポプラ社）
六三　サンタクロースってほんとにいるの？　作＝てるおかいつこ、画＝すぎうらはんも（福音館）
六四　三びきのやぎのがらがらどん　文＝マーシャ・ブラウン　（福音館）

六五　さんまいのおふだ　作＝松谷みよ子　（童心社）
六六　じごくのそうべえ　作＝田島　征彦　（童心社）
六七　十一ぴきのねこ　作・画＝馬場のぼる　（こぐま社）
六八　十四ひきのひっこし　作絵＝わむらかずお　（童心社）
六九　白いうさぎとくろいうさぎ　作＝ガース・ウイリアムズ　（福音館）
七十　すてきなさんにんぐみ　作＝トミー・アンゲラー　（偕成社）
七一　Zちゃんかべのあな　作＝井口　真吾　（ビリケン出版）
七二　せんたくかあさん　作＝さとうわきこ　（福音館）
七三　ぞうのババール　作＝ジャン・ド・ブリュノフ　（評論社）
七四　そうべえごくらくへいく　作＝たじまゆきひこ　（童心社）
七五　大工と鬼ろく　再話＝松居　直　（福音館）
七六　たこをあげるひとまねこざる　作＝H．A．レイ　（岩波書店）
七七　たなばた　再話＝君島　久子　（福音館）
七八　だんごむしそらをとぶ　作＝松岡　達英　（小学館）
七九　誕生会のプレゼント　作＝宮川　ひろ　（新日本出版社）
八十　ちいさいモモちゃん　作＝松谷みよ子　（講談社）
八一　ちからたろう　作＝いまえよしとも　（ポプラ社）

八二　ちびくろサンボ　作＝レン・バナマン　（岩崎書店）
八三　つりばしわたれ　作＝長崎　源之助　（岩崎書店）
八四　父さんのたこはせかいいち　作＝あまんきみこ　（にっけん教育出版）
八五　とべ！とのさまバッタ　作＝得田　之久　（童心社）
八六　とべばった　作＝田島　征三　（偕成社）
八七　ともだちや　作＝内田麟太郎　（偕成社）
八八　どろんこハリー　作＝ジーン・ジオン　（福音館）
八九　長くつ下のピッピ　作＝リンドグレーン　（岩波書店）
九十　なぞなぞのすきな女の子　作＝松岡　享子　（学習研究社）
九一　なんげえはなしっこしかへがな　作＝北　彰介　（銀河社）
九二　二十一世紀を生きる君たちへ　作＝司馬遼太郎　（世界文化社）
九三　日本の民話　（全一六巻）　（世界文化社）
九四　日本の昔話　再話＝おざわとしお、絵＝赤羽　末吉　（福音館）
九五　日本むかしわっはっは　作＝横笛　太郎　（タロー書房）
九六　ねしょんべんものがたり　編＝椋　鳩十　（童心社）
九七　ねずみのウーくん　作＝マリーホール・エッツ　（冨山房）
九八　ねずみの歯いしゃさんアフリカへいく　作＝ウィリアム・スタイグ　（セーラー出

版）

九九　はしれ！　ちび電　作＝もろはしせいこう　（童心社）

一〇〇　はだかの王さま　作＝滝平　二郎　（金の星社）

一〇一　花さき山　作＝斎藤　隆介　（岩崎書店）

一〇二　はなのすきなうし　作＝マンロー・リーフ　（岩波書店）

一〇三　ピーターラビット　作＝ビアトリクス・ポター　（福音館）

一〇四　ひさの星　作＝斎藤　隆介　（岩崎書店）

一〇五　ひとまねこざる　作＝H．A．レイ　（岩波書店）

一〇六　ひとまねこざるびょういんへいく　作＝H．A．レイ　（岩波書店）

一〇七　一〇〇万回生きたねこ　作＝佐野　洋子　（講談社）

一〇八　ひろしまのピカ　作・絵＝丸木　俊　（小峰書店）

一〇九　ふしぎなたいこ　作＝石井　桃子　（岩波書店）

一一〇　ふしぎなたけのこ　作＝松野　正子　（福音館）

一一一　ふたりはともだち　作＝アーノルド・ローベル　（文化出版局）

一一二　ペチューニアのクリスマス　作＝ロジャー・デユボアサン　（佑学社）

一一三　ペチューニアのだいりょこう　作＝ロジャー・デユボアサン　（佑学社）

一一四　へっこきあねさがよめにきて　作＝大川　悦生　（ポプラ社）

一一五　ぼくお月さまとはなしたよ　作＝フランク・アッシュ　（評論社）
一一六　ぼくパパになるんだよ　作＝ジュヌビエーブ・ノエル、絵＝エルベ・ル・ゴフ（講談社）
一一七　ぼくもうなかないよ　作＝サイモン・バトック　（徳間書店）
一一八　まいごのアンガス　作＝マージョリー・フラック　（福音館）
一一九　まっくろねりの　作＝ヘルガー＝ガルラー　（偕成社）
一二〇　まよなかのだいどころ　作＝モーリス・センダック　（冨山房）
一二一　みんなうんち　作＝五味　太郎　（福音館）
一二二　名馬キャリコ　作＝バージニア・リー・バートン　（岩波書店）
一二三　茂吉のねこ　作＝松谷みよ子　（ポプラ社）
一二四　もしもぼくがライオンだったら　作＝マイケル・ローレンス　（小学館）
一二五　ももたろう　作＝松居　直　（福音館）
一二六　やまんばのにしき　作＝松谷みよ子　（ポプラ社）
一二七　よかったね　ネッドくん　作＝チャーリップ　（偕成社）
一二八　よもぎだんご　作＝さとうわきこ　（福音館）
一二九　ロケットこざる　作＝H．A．レイ　（岩波書店）
一三〇　わにのアーサーおよばれにいく　作＝ラッセル・ホーバン　（偕成社）

参考資料

紙芝居（特に断らない限り、出版は童心社。脚本は《作》に含めた。五十音順）

一　あらしのうみのゆうれい（原作＝小泉八雲）作・画＝諸橋　精光
二　あひるのおうさま（フランス民話）作＝堀尾　青史、画＝田島　征三
三　池にうかんだびわ　作＝川崎　大治、画＝小谷野半二
四　いたずらぎつね　作＝櫻井　信夫、画＝藤本　四郎
五　いもころがし　作＝川崎　大治、画＝前川かずお
六　うしかたとやまんば　作＝坪田　譲治、画＝福田　庄助
七　うまいものやま　作＝佐々木　悦、画＝箕田源二郎
八　うみにしずんだおに　作＝松谷みよ子、画＝二俣英五郎
九　うみのみずはなぜからい　作＝水谷　省三、画＝藤田　勝治
十　うらしまたろう　作＝若林　一郎、画＝西山　三郎
十一　おけやのてんのぼり　作＝川崎　大治、画＝二俣英五郎
十二　おじいさんとおばけ　作＝堀尾　青史、画＝瀬名　景子
十三　おだんごころころ　作＝坪田　譲治、画＝二俣英五郎
十四　オットットのおじさん　作・画＝古川タク（出版＝教育画劇）
十五　オッペルとぞう（原作＝宮沢賢治）作＝堀尾　青史、画＝油野　誠一

十六　おとうさん（スマトラの民話より）　作＝与田　準一、画＝田畑精一
十七　おひさまにこにこ　作＝まどみちお、画＝長野ヒデ子
十八　おまんじゅうのすきなとのさま　作＝日下部由美子、画＝篠崎　三朗
十九　かいじゅうトドラ・トットコ　作＝半沢　一枝、画＝仲川　道子
二十　かぐやひめ　作＝岩崎　京子、画＝遠藤てるよ
二一　かぶとむしのぶんた　作＝鶴見正夫、画＝椎野利一（出版＝教育画劇）
二二　かわへおちたたまねぎさん　作＝村山　亜土、画＝長谷川知子
二三　ききみみずきん　作＝堀尾　青史、画＝田中　武紫
二四　きつねとごんろく　作・画＝馬場のぼる
二五　きょうりゅうぼうやのさかなつり　作・画＝黒川光広
二六　くじらのゴン　作＝門田　南子、画＝渡辺　有一
二七　くじらのしま（原作＝新美南吉）　作＝堀尾　青史、画＝穂積　肇
二八　くまになったピアナ　作＝さねとうあきら、画＝スズキコージ
二九　ごきげんのわるいコックさん　作・画＝まついのりこ&ひょうしぎ
三十　こぎつねコンとこだぬきポン　作＝松野　正子、画＝二俣英五郎
三一　子そだてゆうれい　作＝桜井　信夫、画＝須々木　博
三二　さよならさんかくまたきてしかく　作・画＝高橋　清一

三三　じごくけんぶつ　作＝水谷　章三、画＝藤田　勝治
三四　しりなりべら　作＝渋谷　勲、画＝福田　庄助
三五　しりやのめいじん　作＝望月新三郎、画＝金沢　佑光
三六　シンデレラ　（原作＝ペロー）　作＝上地ちづ子、画＝栗原　徹
三七　すずのへいたい　（原作＝アンデルセン）　作＝水谷　章三、画＝夏目　尚吾
三八　セロひきのゴーシュ（原作＝宮沢賢治）　作＝堀尾　青史、画＝池田仙三郎
三九　せんとくのおかね　作＝佐々木　悦、画＝箕田源二郎
四十　ぞろぞろ　作＝三遊亭円窓、画＝渡辺　享子
四一　そんごくう（全七巻）（原作＝呉承恩）　作＝上地ちづ子、画＝夏目　尚吾
四二　たべられたやまんば　作＝松谷みよ子、画＝二俣英五郎
四三　たろうがるすばんしていると　作＝中川　正文、画＝夏目　尚吾
四四　だんごひょいひょい　作＝水谷　章三、画＝宮本　忠夫
四五　ちからたろう　作＝川崎　大治、画＝滝平　二郎
四六　チポリーノのぼうけん　（原作＝ロダーリ）　作＝木村　次郎、画＝岡本　武紫
四七　注文の多い料理店　作＝堀尾　青史、画＝北田　卓史
四八　てんぐとかっぱとかみなりどん　作＝かこさとし、画＝二俣英五郎
四九　てんとうむしのテム　作・画＝得田　之久

五十　とのさまからもらったごほうび　作＝山路　愛子、画＝渋谷　正斗
五一　とりのみじっちゃ　作＝斉藤　純、画＝宮本　忠夫
五二　どんぐりとやまねこ　作＝堀尾　青史、画＝渡辺　有一
五三　ながぐつをはいたねこ　（原作＝ペロー）　作＝上地ちづ子、画＝おぼまこと
五四　なんだ・なんだ？　作・画＝古川　タク
五五　なんにもせんにん　作＝川崎　大治、画＝佐藤わき子
五六　にじになったきつね　作＝川田百合子、画＝藤田　勝治
五七　ニャーオン　作＝都丸つや子、画＝渡辺　享子
五八　ねずみきょう　作＝武士田　忠、画＝渡辺　有一
五九　のっぺらぼう　作＝渋谷　勲、画＝小沢　良吉
六十　のみのかわでつくった王さまのながぐつ（イタリア民話）　作＝高橋五山、画＝いわさきちひろ
六一　ばけくらべ　作＝松谷みよ子、画＝亀井三恵子
六二　ばけくらべ・うでくらべ　作・画＝木村　研
六三　はずかしがりやのかんたくん　作＝神沢　利子、画＝垂石　眞子
六四　ひとうち七つ　作＝川崎　大治、画＝高橋　恒喜
六五　ひゃくまんびきのねこ（原作＝ガァグ）　作＝高橋　五山、画＝川本　哲男

六六　びんぼうがみとふくのかみ　作＝鈴木　敏子、画＝二俣英五郎
六七　ふうちゃんのそり　作＝神沢　利子、画＝梅田　俊作
六八　ふくはうち　おにもうち　作・画＝藤田　勝治
六九　ふしぎなしゃもじ　作＝佐々木　悦、画＝須々木　博
七十　ふたつのこづつみ　作＝岩崎　京子、画＝和歌山静子
七一　ふるやのもり　作＝水谷　省三、画＝金沢　佑光
七二　ブレーメンのおんがくたい（原作＝グリム）　作＝川崎　大治、画＝宮本　忠夫
七三　ヘンゼルとグレーテル（原作＝グリム）　作＝鶴見　正夫、画＝こさかしげる
七四　ミイラ男　作＝上地ちづ子、画＝ヒロナガシンイチ
七五　みにくいあひるのこ（原作＝アンデルセン）　作＝与田　準一、画＝成松真理子
七六　モチモチの木（原作＝斎藤隆介）　作・画＝諸橋　精光
七七　モモちゃんとかた目のプー　作＝松谷みよ子、画＝鈴木未央子
七八　やぎじいさんのバイオリン（原作＝ハリス）　作＝堀尾　青史、画＝岡野　和
七九　ゆきおんな　作＝桜井　信夫、画＝箕田源二郎
八十　雪わたり　作＝川崎　大治、画＝若山　憲
八一　ロビン・フッドのぼうけん　作＝北田　伸、画＝篠崎　三朗
八二　わにがめんどりをたべないわけ（アフリカの民話）作＝荒木　文子、画＝小林ひろみ

第3章

図書室で学んだこと

一、子どもの立場で考える

平井信義『子どもに「まかせる」教育』（明治図書）

この本は、二年生・M子さんの担任だった時に読んだ一冊です。学校に足が向かないM子さんのことを考えていた時、この本の「子どもの立場にたって考える」という一行が強く目に飛び込んできました。頭の中ではそう考えていたつもりでしたが、「もう一度、しっかり向き合ってごらん」というメッセージが伝わってくるようでした。

本文の一節にこうあります。《教師の前でカッコよくすることに慣れてしまった子どもは、人の目を気にする「気がね」の多い人間になる。「気がね」は日本人独特の心理であり、外国語に翻訳することが出来ない。なるほど、今の子どもたちが「疲れた」とよく口にするのはこの「気がね教育」に原因があるのではないか》と。日々の自分の言動を顧みると思い当たるふしもあります。

また、《子どもの「意欲」が育つ条件》の章では、しつけ全廃論を提唱しています。叱らぬ教育を唱え、しつけ全廃論を説く著者は、「けじめをどう教えるか」ということについては単純明快に《思いやりを育てればよい。教師は「思いやり」を育てるために絶えざる努力が必要である》と言っています。

この「思いやりの心が育つ条件」として、《学校にもっと「笑い」を》と述べています。「笑い」は、心に豊かさやゆとりがなければ生まれない。すでに「ゆとり」のある教育が提案されて十年になるが、ゆとりの時間は作ったが、教育そのものについて「ゆとり」が生まれないのは、教師自身にゆとりに対する感覚がなく、自分自身の生活にも「ゆとり」がないからである、という。図書の仕事の分野では、図書委員が取り組んだ小噺や落語なども、笑いを求めての活動と言えましょう。

最後の章で、《性教育は人間教育、人格形成に大きく関わる。性の目覚めを抑えつけてはいけない》と述べていますが、これは、私の仕事の様々な場面で生かされたと思っています。この他に、『こどものこころ』、『続こどものこころ』（時事画報社）、

『親の知らない子どもの秘密』（実日新書）、『けんかをわすれた子どもたち』（ＰＨＰ文庫）、『意欲と思いやりを育てる』（中央法規）、『こころにひびく語りかけ』（企画室）、『登校拒否児』（新曜社）などがあります。

Ｍ子さんはその後、中学・高校と学年を重ねるごとに自分らしさを発揮し、将来は子どもたちに関わる仕事につきたいと言っています。家庭や周りの思いやりの中で、一緒に育ち合ってきたのでしょう。

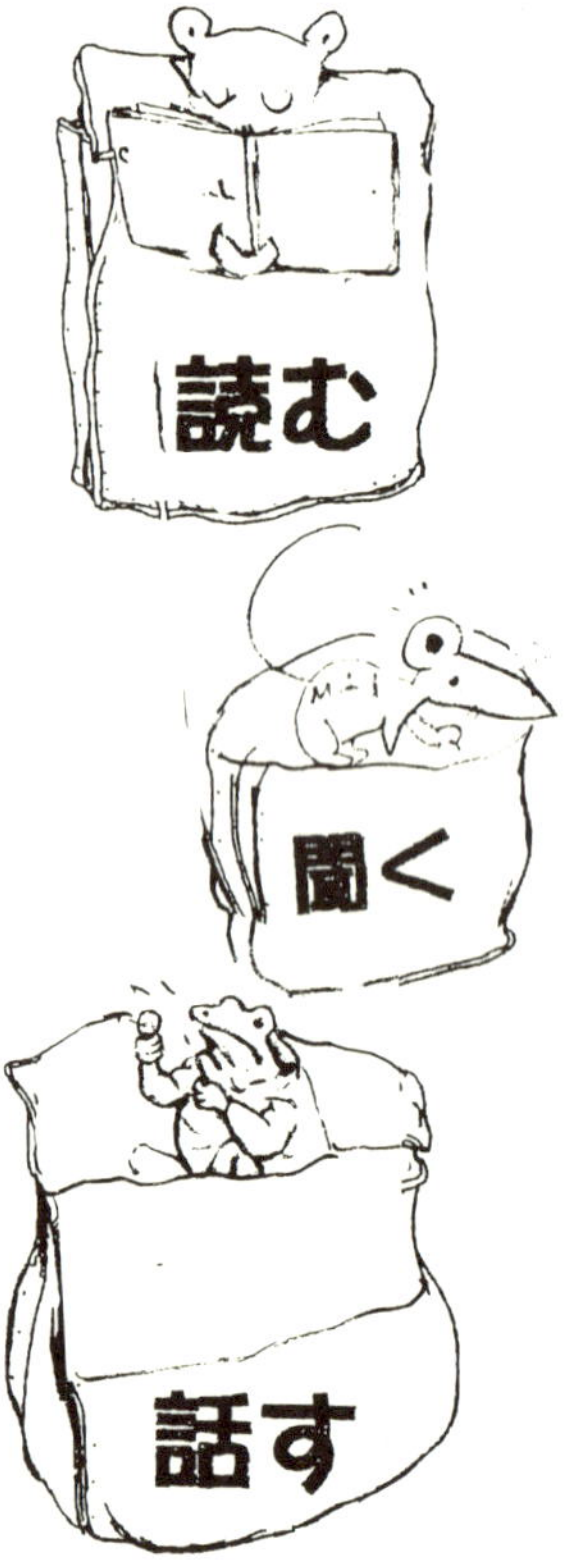

二、紙芝居に学ぶ

右手和子先生とひょうしぎの会

右手和子『かみしばいのはじまりはじまり――紙芝居の上手な演じ方――』（童心社）

友人野々川道子さんの縁で右手先生を紹介していただき、《ひょうしぎの会》に入れていただきました。この会は、紙芝居作品の理解とその演じ方を学び、成果をそれぞれの地域や職場の子どもたちのために生かしている会で、先人の残した紙芝居文化を新しい視点を入れて発展させていくことを目指しています。月二回の例会ですが、一回出席するごとに一つだけしっかりと学んで来ようと、参加しています。練習で演じる時の会員の真剣な姿と厳しさをどう表現すればよいでしょうか。作品を生かすも殺すも、演じる人しだいですが、「紙に描いた絵が動く」と実感させられることがしばしばです。小学校の図書室という窓から見れば、紙芝居は素晴らしいドラマであり、もっと活用されてよい手段・題材です。身近に多くの観客が待っています。子どもたちが、よい作品と向かい合い、演じ手と一体となって共感し合える、素晴らしい場が広がります。

子どもたちの手と心が動く

一年生の担任だった頃、『のっぺらぼう』を見せましたら、一人の男の子が、紙芝居を夢中になって作り始め、三つの作品を完成しました。第一作目はやっぱり『のっぺらぼう』。紙芝居を見て、胸に響いたものがあったのでしょう。この子は今、漫画家をめざして修行中です。菊池好江さんの『みて！　きいて！　わくわくするよ紙芝居』（学事出版）は、大変勉強になりました。

やがて、教室でも図書室でも利用出来るように、紙芝居の舞台を増やし、作品もかなり購入しました。また、利用度の多い作品は、透明のケースに一作品ずつ入れて子どもたちの目にふれやすく置き、誰でもいつでも演じ合えるようにしました。この頃から図書室で、子どもたちが子どもたちどうしで演じ合っているのをよく見かけるようになりました。

また、五年生の先生達の授業で紙芝居を積極的に取り入れたことがあります。学年全体の取り組みで、《ひょうしぎの会》の菊池好江さんに、読み聞かせや紙芝居をしていただいたこともあります。『しりやのめいじん』、『みよちゃんのあかいぽっくり』などをやわらかいトーンで演じて下さいましたが、その後、図書室でこれらの作品を互いに演じ合っている子どもたちが増えてゆきました。

一九九八年から九九年にかけて、子どもから子どもへの読み聞かせに取り組んでいましたが、絵本のほかに、やがて紙芝居もよく使われるようになりました。初めは、図書委員が子どもたちに見せていましたが、子どもたちどうしで演じ合う場面が、図書室のあちこちで見られるようになりました。三年生の正子さんは、いつもは紙芝居を大きな絵本のようにして、一人で楽しんでいるのですが、ふと見ると、その日は、クラスの友達二人を相手に紙芝居をしています。正子さんが涙をポロポロながしながら演じているのです。紙芝居を演ずるのは誰でもちょっとだけ勇気のいることです。しかし、恥ずかしがり屋の正子さんにとっては大きな決心と勇気が必要でした。紙芝居の読み聞かせに初めて挑戦したのです。読み聞かせが進みます。物語が進みます。一生懸命読んでいます。初めての経験ですが、お話は二人の観客に確かに伝わっています。友達の前で演ずるって楽しい。その涙は、そんな感激から生まれた嬉し涙だったのです。休み時間が終わると、三人一緒に教室へと帰って行きました。正子さんの様子を担任に報告すると、早速そのクラスに紙芝居が持ち込まれました。今度はクラスで演じる機会がやってくるでしょう。正子さんが明るく輝いて見えました。

〝上からいくな、下からいくな、対等にいけ〟

右手先生は『かみしばいのはじまりはじまり』の第Ⅴ章「高橋五山先生と私」で、《〝五山先生のように〟を目標にしたい》と言っておられます。高橋五山氏（一八八八〜一九六五）は、幼児紙芝居の生みの親で、すばらしい作品を数々生み出し、素晴らしい演じ手でもあった、と言います。《そのゆったりとあたたかな語り口は、聞く者を大きく包みこんで、そのお心は、まさに〝上からいくな、下からいくな、対等にいけ〟そのものでした》と綴っておられます。

六歳から十二歳までの子どもたちに、図書室で日々接している私にとって、この言葉は新鮮に響きました。以来、紙芝居を演じる時や子どもたちと共にいる時などは、この言葉に返えるようにしていますが、演じ方を学ぼうと思って手に入れた本から、こんな素晴らしい言葉を得ました。また、「演じ方の基本」として、「声・間・ぬく」を挙げています。この三つが、作品の解釈によって、様々の工夫を加えられ、芝居が成立します。本とともに同じ題で童心社からビデオも作られていてこちらは演じ方が映像を通して学べるように作られています。

紙芝居を作る点では、右手先生を含む共著『紙芝居をつくる』（大月書店）がとても参考になりました。

お母さん方にとっても

二〇〇二年六月、幼稚園・小学校の読み聞かせサークルのお母さんたちが、右手和子先生をお招きし、演じ方を学びました。包容力があり魅力的なお話や実演で、あっという間に時間が過ぎてゆきます。「紙芝居はお芝居なんだ」とつくづく実感した会でしたが、お母さんたちは、その後の読み聞かせの会や学校行事などでその力を発揮しています。また父母会が、舞台や拍子木も購入して、紙芝居文化が盛んになっていったように思います。

三　昔話を絵本で読む

昔話はふしぎな力を持っている

小学校の図書室にも、《昔話》の絵本はたくさんあります。読み聞かせの準備が、十分用意出来なかった時など、これらの絵本を候補の一冊に入れるようにしています。読み聞かせを経験してゆくうちに、「昔話に外れはない」ということに気がつきました。子どもたちが心からお話を楽しんでいる、という手ごたえが伝わってくるのです。《昔話》はふしぎな力を持っています。「花さき山」「海にしずんだ鬼」「くわずにょうぼう」「ないたあかおに」「おこんじょうるり」「しばてん」「じごくのそうべえ」など、本棚からひょいとぬいて読み聞かせたものばかり。本当に楽しんでくれます。

「じごくのそうべえ」は桂米朝の上方落語〈地獄八景亡者戯〉からの書きおこし。昔話から生まれた落語と言っていいでしょう。米朝師匠の流れるような文章に、田島征彦さんの絵が踊ります。ふしぎなもので何度か読むうちに私の声も調子づいていきます。

これらの作品にしばしば登場する鬼・ももたろう・こぶとりじいさん・一寸法師などは、どれもこれもある種の力を持っていたり、怪物として描かれています。一方「大工と鬼六」になるとまた一味ちがって、橋をかけたり技と知恵を発揮する人物が描かれています。また「海にしずんだ鬼」では鬼の親子が、自分を犠牲にして海の波に苦しめられる人間を助けるという悲しさもじわっと、子どもの心に響いてゆきます。

「お話のろうそく」から学ぶ

もうずいぶん前になりますが、東京子ども図書館（中野区）を訪ねたことがあります。館内を見せていただき語りも聞かせていただきましたが、強く印象に残ったところがありました。それは《おはなしの部屋》でした。閲覧室とはちがい、まるで暖炉で静かに火が燃えているかのような、静かな雰囲気の空間でしたが、お話をする時、ろうそくを語りをする人の横に置くとのこと。お話を始める前に灯かりをともし、終わると消すのだそうです。灯かりをともすのは読み手、そしてその日が誕生日だった一人の子などに消してもらうこともあるとのことでした。部屋に足を踏み入れた瞬間、灯かりがともっていなくても、お話の世界に入ったような気持ちになるから不思議です。

この訪問が図書室づくりのヒントにつながりました。

図書室の模様がえ

学校ではこういう空間はないので、図書室を大きく二分して、その一方を《図書室ミニ劇場》のように使うことにしました。狭いけれどその狭さがかえって快適な場合もあります。この空間を子どもたちのための、ちょっとおしゃれな空間にしたいと思ったのです。今は、クラスごとの読み聞かせをするところであったり、お母さんたちや子どもたちの読み聞かせをするところであったり、図書委員会で「子ども落語の会」をするところであったり、様々に使われるようになりました。

「ろうそく」にヒントを得て、お話の初めに小道具を一つ使って、子どもをお話の世界に誘う工夫をしました。画用紙で作った円錐からポンとピエロが飛び出したり、ギーッと鳴る木のおもちゃを使ったり、時には拍子木であったり、その時によって様々ですがこれがけっこう楽しいのです。これは聞き手の心を整え、お話の気分への橋渡しとして、大変効き目のあるものです。

もう一つのヒントは、座布団です。集まって来た時、早く聞く雰囲気を作るために、デイック・ブルーナの模様の《小座布団》をクラスの人数分用意して、待つようにしました。来てくれることがあらかじめ分かっている時は、必ず《小座布団》を並べて待ちます。全員そろったところで小道具の登場、私は低めの椅子に掛けて、お話を始めます。

それでも、廊下の騒音や、机の電話が鳴ったりするのが悩みなのですが。

『エバミナンダス』を初めて語る

先の訪問がきっかけになり、このお話を覚えて、初めて子どもたちの前でやってみました。(ブライアント作・松岡享子訳『おはなしのろうそく一』)わずか七・八分のお話ですが、子どもたちの前で語るには大変な緊張感が必要です。お話の内容が面白かったせいでしょう。子どもたちがほぐして後押ししてくれたので、まあまあ終えることが出来ました。同じ話を隣のクラスでもやってみました。少し余裕が出てきて、子どもたちの目を見ながら楽しめました。語り手の真剣さは、子どもたちに確かに伝わっていきます。お話は一年生にはぴったりです。

簡単にお話を紹介しましょう。《エバミナンダスは、元気な男の子。おばさんの家でケーキをもらうが、指でぎゅっと握りしめて持って帰ったので、駄目になってしまう。お母さんに、そういう時は、帽子の中へ入れ、そうっと頭にのっけてもってくるものだと言われ、次にバターをもらったとき、その通りにして、バターだらけになる》。という具合で、次から次へと、とんちんかんなことをやらかすお話。

おざわとしお再話『うまかたやまんば』(赤羽末吉・画、福音館)を読む

二〇〇三年になって一年生とこれを読みました。まず初めは自分自身の雰囲気づかみです。声に出して自分の声を耳で聞きながら、読んでいきます。こういう準備をするとしないでは子どもたちの聴き方が違ってくるようです。いよいよ子どもたちと絵本との出会いです。場面は、

馬方が馬の背に魚の荷を乗せて帰るところ
峠でやまんばに出くわしおどされる
荷を投げ出して逃げる
魚をたべてまた追いかけてくる
馬方は馬の足を一本切って投げて帰る
馬の足を食べてまた追いかけてくる
またもう一本、ついに馬方は馬をおいて逃げる

前半は外での出来事、後半はやまんばの家での出来事と、大きく二つに分かれて展開していきます。子どもたちはこの前半部分でもう絵本に釘付けになります。

切り取られた足が画面に投げ出されています。馬は、足を切られても、三本足、二本足で平気で走って行く。残酷さはありますが、その面白さが伝わってきます。このあたりから私の声のテンポにも変化が出てきます。

絵もこのお話をくっきりと際立たせています。言葉にない山道の様子など周りの背景などが伝わってきます。絵本は、このように話と絵がピタッとあって、大きな命がふきこまれるものだということをあらためて感じます。読み手の私にも子どもたち以

上に楽しみを与えてくれた、特に印象的な一冊です。

この絵本の作者は、著書『昔話が語る子どもの姿』(古今社)の中で、《教育は、ほんとうはひとりひとりの子どもの発達を見て、ひとりひとりにいろいろなことを教えていくのが一番いいのです。ところが、こういう大きな社会では、特に公教育が発達した日本のような国家では、どうしても全国的にあるレベルに保とうとします。そこから問題が生じます。三年生なら三年生でそのレベルに達している子はいいのですけれどそうでない子もいっぱいいます。そういう場合に苦しんでしまうのです。私は、親があるいは先生がその子が今どの段階にいるのか、どっちの方向を向いているのか見極めた上でそれなりのいろいろな工夫をしてやるべきだと思うのです。》と述べています。このいろいろな工夫を出せるところが、学校では図書室という場でもあるのだと、この本は気づかせてくれます。

昔話で参考にした本

『昔話を絵本にすること』松岡享子(東京子ども図書館)

『昔ばなしとは何か』小澤俊夫(大和書房)

『昔話の深層』河合隼雄（福音館）
『日本昔話のイメージⅠ、Ⅱ』小澤俊夫（古今社）
雑誌『子どもと昔話』小澤俊夫責任編集（古今社）

四、学校という職場で感じたこと

小さい人は大きい人

小学校で仕事を続けていて、自分は子どもたちがほんとうに好きなのだろうか、と思った時期があります。好き嫌いが激しく我儘な性格の自分が、様々な個性の子どもたちと分け隔てなく関わっていけるのだろうかという疑問です。

二年生の担任をしていた時、工藤直子さんの『のはらうた』を、夏休み明けの教材として学年で取り上げたことがあります。どの詩にも心にひびくものがあり、元気の出る詩ばかりです。子どもたちに「一人ひとつずつ、好きな詩を選んでみよう」と投げかけてみて、ハッとしたことがありました。いつも友達の真ん中で暴れ回っていると言ってもいいような子が〝おいで〟という詩を選んだのです。詩を選ぶことをきっかけに、子どもたちの心の扉が少し開けてきたようで、私に、もう一つの新鮮な世界が見え始めてきたのです。子どもたちと一緒に元気になった教材です。

ふくろうげんぞう

おいで

さびしくなったら　おいで

わたしのみみが

はなしあいてになろう

（『のはらうたⅠ』より　一三六頁）

私が一人ひとりの子どもたちになじんできたころ、同僚の山岸章子さんは「〝おがわのマーチ〟ぐるーぷ・めだか」（『のはらうた』三十頁）を、体の動きを入れ、リズミカルに声を出して、クラス全員で楽しんでいます。ぶきっちょな私にとっては、山岸さんは魔法の杖を持っているようにも見えたのです。

しばらくして工藤直子さんの『まるごとすきです』（ちくま文庫）を見つけました。「まずまるごとすきになる。はなしはそれからだ。いつのまにかそんなふうに出会っていた」「友情を感じる対象がひろがると、そのぶんだけ自分の世界がひろがってておもしろいものだ」。この言葉は、十二章の中の二つの章タイトルです。工藤さんの『のはらうた』、『まるごとすきです』の二冊は、自分自身を振り返りそれからの人との出会いを変えてくれた貴重なものとなっています。

『子どもの虐待防止ネットワーク・あいち』の理事長・祖父江文宏さんは、愛知県の児童養護施設の園長を長く務め、児童虐待防止法制定にも大きく貢献された方ですが、子どもを尊重して、常々、子どものことを「小さい人」と呼んでおられたという（毎日新聞二〇〇二年七月六日）。そうなんだ、子どもは小さい人間なのだ。まだ小さな人間は、それゆえに無限の可能性を持っている。その可能性を引き出すことが自分の仕事ではないだろうか。人として信頼し合っていたら、豊かなものがつぎつぎと出てくることもある。図書室での仕事は、毎日と言っていいほど何かの発見があり、楽しいものです。私にとって、小さな人びとは、実に大きい人たちだったのです。

あとがき

六年前に図書室の仕事に携わるようになった時は本の分類法も分からず、一年後には図書室のパソコン化が計画されていました。最初の二年間は、司書業務の基本を身に付け、パソコンに慣れ、蔵書データの入力にかなりの時間を費やさなければなりませんでした。パソコンを使ったことのない私にとっては、暗くて長いトンネルの時代でした。

図書室での貸出し・返却業務が軌道にのってきた頃から、ようやく子どもたちと接する上で気持ちの余裕が出てきました。子どもたちが、何を求めて図書室に来たのかということに眼を向けられるようになり、しだいに仕事が楽しくなってきました。子どもたちの読書活動はもちろんのこと、毎日のように何らかの発見があるのです。机や書棚が、子どもたちが使いやすいようによく工夫された特注品だったことなど、先潜んでいるようです。

図書室に来てくれたたくさんの子どもたち、ありがとう。私にたくさんのことを教えてくれた同僚、子どもたちを見守り後押ししてくれた父母のみなさん、ありがとうございました。

最後になりますが、この本の出版に際し労を厭わず携わって下さった、一莖書房の斎藤草子さんに心から御礼申し上げます。

二〇〇三年七月五日

村田　一枝

《著者紹介》
村田一枝（むらた・かずえ）
1939年　北海道札幌市に生まれる。
1962年　北海道大学教育学部卒業。
札幌市立琴似中学校、中島中学校を経て、
1968年より和光学園に勤務。2003年3月退職。
著書「こどものなる木」
現住所　157-0065　東京都世田谷区上祖師谷7-1-16

じゅげむ——図書室で輝いた子どもたち

2003年 8月18日　第1刷発行
2003年12月20日　第2刷発行

著　者　村 田 一 枝
発行者　斎 藤 草 子
発行所　一 莖 書 房

〒173-0001　東京都板橋区本町37-1
電話　03-3962-1354
FAX　03-3962-4310
組版／論創社　印刷／平河工業社

ISBN4-87074-129-6　C3037

ひきかえるといって、　薬力と
しにはならん。　てまえ持ちいだしたるは、　四六のがまだ。　四六、五
こでわかる。　前足の指が四本、　あと足の指が六本、　これを名づけて
がま。　このがまの棲めるところは、　これよりはるーか北にあたる、
のふもとにて、　おんばこというつゆ草を食らう。　このがまのとれる
五月に八月に十月、　これを名づけて五八十は四六のがまだ、　お立ち
このがまの油をとるには、　四方に鏡を立て、　下に金網をしき、　その
まを追い込む。　がまは、　おのれのすがたが鏡にうつるのをみてお
どろき、　たらーり、　たらーりと油汗をながす。　これを下の金網にて
、柳の小枝をもって、　三七二十一日のあいだ、　とろーり、　とろーり
たるがこのがまの油だ。　赤いは辰砂椰子の油、　てれめんてえかにま
か、　金創には切り傷、　効能は、　出痔、　いぼ痔、　はしり痔、　よこね、
さ、　そのほか、　はれもののいっさいに効く。　いつもは、　一貝で百文だ
んにちは、　ひろめのため、　小貝をそえ、　二貝で百文だ。　まあ、　ちょ
待ち。　がまの油の効能はそればかりかというと、　まだある。
味をとめるという。